SOCIAL MEDIA MARKETING
2021

Sommario

FACEBOOK INSTAGRAM ADS

CAPITOLO 1

Cos'è Facebook Business Manager

Ormai, ai giorni di oggi, è di uso comune parlare di social network e del loro uso nell'ambito marketing. Infatti, ci sono tantissimi brand che ormai puntano su questi media digitali.

Il social di Zuckerberg, per l'appunto Facebook, rimane la piattaforma leader di tutto il settore, seguita poi da Instagram.

Tutti noi conosciamo Facebook, non molti hanno a che fare con il business manager.

Il business manager è una piattaforma dedicata a chi vuole usare la pagina aziendale per raggiungere i propri obiettivi e, quindi, non solo per condividere dei contenuti.

Con il business manager possiamo compiere numerose operazioni e, quindi, spaziare dalle campagne pubblicitarie o a degli annunci rivolti ad un pubblico personalizzato.

È uno strumento gestionale che ci permette di monitorare tutte le attività dei vari account oltre che creare delle sponsorizzazioni.

E' considerato uno strumento che può portare l'utente ad essere un vero e proprio marketer esperto, partendo da quella che è la sua posizione iniziale di un semplice frequentatore.

Infatti, si ricorre alla pagina aziendale esclusivamente per scopi di marketing, separando bene il profilo personale, usato principalmente per motivi di svago.

È molto importante mantenere separati i due profili: quando ci iscriviamo al facebook business manager, tutti i colleghi, che non sono amici su Facebook, non possono vedere il nostro profilo personale, ma potranno avere solo l'accesso alla mail di lavoro e vedere le pagine di business manager sulla nostra piattaforma.

Principalmente i professionisti e le aziende si avvicinano all'uso del facebook business manager per tre motivi principali:

- gestire i professionisti e i collaboratori, poiché possiamo dividere i vari ruoli, assegnare i lavori e controllarne lo stato di quest'ultimo;

- personalizzare il target e progettare le varie inserzioni, poiché attraverso questa piattaforma si possono creare annunci personalizzati per interessi, età, sesso, località e tutto ciò, a seconda dell'obiettivo che si voglia realizzare. Inoltre possiamo creare le varie inserzioni sui prodotti o servizi che offriamo, dando la possibilità agli utenti di decidere in un secondo momento se completare o meno l'acquisto;

- sfruttare funzionalità uniche, poiché facebook business manager propone dei servizi che non sono accessibili normalmente, come ad esempio i pixel o i pubblici target.

Ovviamente, prima di accingerci ad usare facebook business manager, è molto importante avere un'adeguata formazione per sfruttare al meglio le potenzialità di codesta piattaforma.

È uno strumento che, se usato bene, può semplificarci la vita, anche perché nella realtà di tutti i giorni diventa sempre più indispensabile. Si tratta dell'unico tool che permette di centralizzare e gestire il tutto in una sola opzione, evitando quindi di accedere da più parti.

Il business manager è fortemente consigliato a tutte le agenzie che gestiscono più account pubblicitari e pagine, a brand con più pagine, a brand che lavorano con partner ed agenzie, a siti o blog che devono condividere pubblici personalizzati o video, a brand che lavorano in e-commerce.

Ovviamente esistono anche degli svantaggi, e tra questi possiamo menzionare:

- Bug, poiché sono in continuo aggiornamento, essendo la piattaforma in continua evoluzione;

- Set up, poiché andrebbe fatto da una persona che lavora nell'azienda per la quale è creato il business manager e che abbia intenzione di rimanere in quanto non potrà più essere rimosso;

- impossibilità di rimuovere gli account pubblicitari, poiché una volta aggiunti al business manager non potranno più essere tolti;

- difficoltà nell'eliminare le pagine aggiunte, poiché si possono togliere ma la procedura rimane ancora molto ostica;

- non si possono commentare le recensioni, poiché una volta entrati nel business manager non abbiamo l'accesso a tale opzione;

- usabilità, poiché essendo in continuo aggiornamento e miglioramento si sta ancora aspettando per definirlo un'esperienza unica e fantastica.

Nonostante ciò, senza ombra di dubbio, rimane comunque la piattaforma ad uso lavorativo più rivoluzionaria che abbiamo ai giorni di oggi.

Infatti, oggi, qualunque professionista che si affacci nel mondo del marketing avrà bisogno di usare questa piattaforma e, anche se inizialmente non ci si rende conto, il primo passo da fare in business manager non riguarda la gestione delle risorse, ma la giusta organizzazione degli utenti che collaboreranno insieme nell'azienda, ognuno dei quali avrà obiettivi e responsabilità diverse.

CAPITOLO 2

Perché usare facebook business manager?

Il facebook business manager ha portato ad una sorta di professionalizzazione di tutti i processi e strumenti legati al facebook marketing.

Infatti, grazie a tale strumento, le aziende hanno iniziato a gestire in modo più sicuro e professionale.

Con il facebook business manager possiamo usare i pubblici personalizzati creati da file, condividere gli stessi, condividere facebook pixel o dati dalle conversazioni offline, verificare il dominio, creare gli event source groupe, usare i cataloghi.

Quindi, possiamo dire, che è indispensabile per tutti coloro che vogliono gestire pagine e account facebook.

Grazie al facebook business manager possiamo avere un quadro ben preciso di tutti gli asset aziendali, e quindi visionare tutti i vari accessi ed eventualmente revocarli con un semplice click.

Inoltre, è possibile creare più account pubblicitari e pagine con facilità.

Il vero professionista, che fa facebook marketing seriamente, non può fare a meno del business manager, proprio perché così si ha un controllo completo sulle varie aziende oltre che semplificarci la vita.

Così riusciamo anche a fidelizzare il cliente: un numero sempre più grande si rivolge ai messaggi istantanei delle pagine facebook delle aziende per soddisfare le proprie richieste, invece di usare i call center.

Con facebook business manager la comunicazione con i clienti è molto più facile e chiara perché si instaura immediatamente un rapporto diretto tra cliente ed azienda, fattore che viene giudicato positivamente in termini di risoluzioni dei problemi.

Inoltre, dobbiamo precisare che una pagina facebook rispetto ad un sito web presenta dei vantaggi differenti.

È più facile la creazione a differenza dei siti web dove, invece, sono richieste delle competenze tecniche specifiche e di conseguenza dei veri professionisti del settore.

Inoltre, la pagina facebook è più ricettiva perché riesce ad abbracciare un gran numero di utenti.

Il business manager ha quattro grandi pregi:

- sicurezza;

- privacy;

- condivisione;

- organizzazione.

A questi va aggiunta la possibilità di usare i pubblici personalizzati e i cataloghi per le campagne marketing su Facebook e su Instagram.

Usare questa piattaforma può portare diversi benefici alle nostre campagne marketing quali:

- Branding, cioè l'insieme di tutte le strategie che riguardano la gestione di un'azienda o di un marchio. La natura di facebook spinge molto sul tasto mi piace e, non essendoci il tasto non mi piace, fà in modo che l'utente si esprima sempre e solo in modo positivo ed esprima giudizi solo su quello che realmente gradisce. Quindi il tasto mi piace permette di sviluppare il branding, diminuendo i costi dell'attività e aumentando i profitti;

- Storytelling, cioè la creazione di una storia in grado di appassionare gli utenti. Uno strumento da sfruttare al massimo se vogliamo ottenere un certo livello di rendimento dal nostro facebook;

- fidelizzazione del cliente, non solo per creare interesse verso la nostra proposta, ma soprattutto mantenerlo. La fidelizzazione si basa principalmente su una comunicazione chiara, sul rapporto diretto tra azienda e cliente, e sulla ricompensa alla fedeltà.

Usare il business manager, quindi, non solo per creare campagne pubblicitarie ma, anche e soprattutto, per sviluppare un pubblico personalizzato a cui mostrare i propri annunci.

Le campagne pubblicitarie hanno bisogno di una serie di fattori per funzionare e produrre risultati soddisfacenti, altrimenti spenderemo solo soldi inutilmente.

Senza il business manager essere su facebook avrà poco senso se lo scopo è quello di rendere redditizia una pagina aziendale. Ogni elemento può rendere unica la creazione di una campagna pubblicitaria.

Inoltre, il business manager ha reso i processi legati al facebook marketing molto più professionali e razionali.

CAPITOLO 3

Come creare un account su facebook business manager

Saper creare un account su facebook business manager è uno degli obiettivi principali di tutti i professionisti di questo settore.

Prima di creare un account bisognerebbe avere una propria pagina aziendale su facebook.

A tal scopo possiamo citare i passaggi più importanti:

- entrare nell'account personale di facebook e cliccare su "crea pagina" nella parte in basso a sinistra;

- esistono sei opzioni per scegliere il tipo di pagina che si vuole creare;

- scelta la pagina, possiamo completare i dati richiesti;

- scrivere il nome dell'attività;

- configurare la fan Page, e quindi scegliere un'immagine del profilo e una di copertina;

- configurare gli accessi diretti e il pubblico da raggiungere.

Una volta creata la pagina, avremo a disposizione varie opzioni per ottimizzare la pagina stessa.

La prima consiste nell'invitare i nostri amici a mettere il mi piace al nostro lavoro, e poi possiamo creare il nome utente della pagina. Risulta fondamentale inserire delle risposte immediate per i messaggi.

Successivamente possiamo visionare tutte le varie opzioni di cui facebook dispone.

Partiamo dalla pagina che è il fulcro di tutto quello che le persone andranno a visualizzare. Al di sopra di questa esistono diverse opzioni, tra cui creare una diretta, un evento o un'offerta per il nostro prodotto.

Dal menù posto sotto l'immagine copertina si può accedere a diverse aree:

- pagina;

- posta;

- notifiche;

- insights;

- strumenti di pubblicazione;

- centro inserzioni;

- altro;

- informazioni della pagina;

- impostazioni;

- assistenza.

Dal menù a sinistra si potrà accedere, invece, a:

- post;

- eventi;

- recensioni;

- video;

- foto;

- informazioni;

- community;

- gruppi;

- offerte.

Quindi, avendo stabilito come si crea una pagina aziendale, si potrà procedere a creare l'account di facebook business manager per gestire le promozioni e gli annunci.

Gli account di Facebook Business Manager vengono creati con il nostro profilo personale poiché questo è l'unico modo per verificarne l'identità. Il processo è simile al collegamento su facebook ed è totalmente gratuito.

Per creare un account di Facebook Business Manager dobbiamo seguire i seguenti passaggi:

- accedere a business.facebook.com;

- cliccare su crea un account;

- specificare il nome dell'attività, selezionare la pagina principale e scrivere il nome e l'indirizzo di posta elettronica aziendale;

- completare i campi obbligatori.

È possibile creare solo due account business manager. Qualora ne servissero altri, bisognerà collaborare con un altro membro dell'organizzazione per creare altri account business manager.

Una volta aggiunto un account pubblicitario su facebook business manager non è più possibile rimuoverlo, per cui occorrerà fare molta attenzione se si aggiungono account di cui non si è proprietari. Ora è possibile collegare anche l'account Instagram. Dopo aver impostato inserzioni a pagamento, sarà possibile aggiungere fino a cinque account pubblicitari. Quando esistono molti clienti, sarà possibile aggiungere collaboratori per suddividersi i compiti a aiutarsi nella gestione della piattaforma. Avendo la possibilità di scegliere tra account dipendente ed account amministratore, si potranno assegnare diversi ruoli e limitare le azioni per ogni singolo account.

Quando aggiungiamo una persona, permettiamo al singolo individuo di partecipare a tutte le attività che riguardano il business manager, invitandolo tramite il suo indirizzo email: questo si potrà definire a tutti gli effetti il titolare dell'azienda o un suo dipendente.

Una persona potrà avere due livelli di autorizzazione:

- amministratore;

- dipendente.

L'amministratore ha pieno accesso alla piattaforma, mentre il dipendente viene allocato sulle risorse da un amministratore e non può agire ovunque. Quindi sarebbe bene aggiungerlo al business manager come un secondo amministratore.

Esistono anche i partner, ovvero le aziende con le quali avviamo le nostre collaborazioni. Aggiungendolo, potremo permettergli di collaborare sul business manager su determinati risorse. Un partner non può vedere né il nostro business manager né può accedervi, ritrova solo la singola risorsa direttamente nel proprio business manager. Inoltre non può accedere all'amministrazione del business manager del proprio cliente e, nello stesso tempo, il cliente potrà eliminare l'accesso del partner alla singola risorsa in qualsiasi momento voglia.

Per controllare eventuali variazioni sui ruoli, potremo farlo nella homepage della piattaforma alla sezione attività.

Una volta che l'utente si troverà all'interno della piattaforma sarà possibile assegnarli una o più risorse sulle quali lavorare, definendo il livello di autorizzazione.

Quindi, per una pagina facebook, avremo i livelli di amministratore, editor, moderatore, inserzionista e analista. Per un account pubblicitario avremo i livelli di amministratore, inserzionista e analista.

CAPITOLO 4

La prima configurazione

Una volta che abbiamo creato un account su facebook business manager, possiamo aggiungere una pagina, ma solo se siamo gli amministratori della pagina facebook. Il processo è molto semplice. Basterà accedere al nostro facebook business manager, cliccare su impostazioni dell'azienda in alto a destra e saremo reindirizzati alla finestra di configurazione del nostro account.

Troviamo l'account sul lato sinistro e clicchiamo su pagine e poi su aggiungi.

Nella parte superiore dello schermo appare, appunto, il nome con il quale ci siamo registrati, e successivamente, quando avremo preso dimestichezza con la piattaforma, si potranno anche inserire i nomi dei dipendenti o comunque di altre persone, alle quali affidare la gestione delle risorse.

A questo punto non dobbiamo far altro che inserire il nome della nostra pagina facebook o incollare il suo indirizzo. Così troveremo la pagina nelle nostre risorse.

Per quanto riguarda Instagram, sappiamo bene che si tratta di una delle piattaforme più sviluppate nel contesto business, con lo scopo di rivolgersi a tutti gli account che desiderano aumentare le proprie possibilità di vendita.

Infatti, Instagram, si è sempre caratterizzata come la piattaforma con il più alto tasso di interazione riguardo i contenuti pubblicati dagli utenti e, a parte Facebook, è quella che mette a disposizione più strumenti delle aziende.

Quindi, per creare e pubblicare inserzioni su Instagram, abbiamo bisogno di un account Instagram, ed esistono diversi modi per crearlo e pubblicare inserzioni, ma in particolar modo sarà possibile aggiungere un account instagram al facebook business manager. Questa è sicuramente l'opzione migliore nel caso disponiamo di più account instagram.

Un account instagram professionale deve rispettare alcuni requisiti, e cioè:

- conformità alle normative, poiché deve essere conforme alle condizioni d'uso e alle linee guida della community di Instagram;

- rappresentazione di azienda e dominio, poiché ci devono essere annunci di prodotti disponibili per l'acquisto diretto dal nostro sito web o dalla funzione di acquisto su instagram;

- localizzazione in un mercato supportato; poiché deve trovarsi in uno dei mercati supportati per la vendita di facebook;

- dimostrazione di affidabilità, poiché devo provare l'affidabilità attraverso una presenza unica e consolidata.

Ovviamente, per collegare l'account Instagram alla nostra pagina di facebook business manager, dobbiamo prima trasformare il nostro profilo instagram da personale ad aziendale.

Per quanto riguarda facebook, è possibile aggiungere una pagina aziendale di facebook già esistente o è possibile crearne una nuova.

Creare una pagina da zero sarà molto facile: basterà cliccare su crea pagina e compilare tutti i dati richiesti. Inoltre, qualora non volessimo più gestire una pagina dal business manager, basterà cliccare su elimina, ma la piattaforma impiegherà quindici giorni per eliminarla completamente dal social.

Se gestiamo pagine facebook per clienti o altre attività commerciali possiamo richiederne l'accesso. Anche se è possibile usare facebook business manager per gestire le pagine facebook e i vari account, è importante usare l'opzione richiedi accesso quando si tratta di pagine non nostre, ma che gestiamo.

Se stiamo già usando gli annunci di facebook, possiamo collegare l'account pubblicitario esistente dalla dashboard di facebook business manager.

Se, invece, non abbiamo un account di annunci facebook, dobbiamo crearne uno.

Dopo aver aggiunto delle pagine al facebook business manager, sarà necessario aggiungere anche un nuovo account pubblicitario. Inizialmente ci sarà la possibilità di poterne aggiungere soltanto uno, e poi, man mano che le spese aumenteranno, se ne potranno aggiungere altri.

Il meccanismo per aggiungere un account pubblicitario è facile e può essere fatto in tre modi:

- aggiungere un nuovo account pubblicitario se ne abbiamo già creato uno dove pianificare le nostre campagne, ma per fare ciò, dobbiamo essere il proprietario o amministratore nel facebook business manager;

- richiedere l'accesso ad un account pubblicitario se stiamo gestendo una campagna per delle società esterne che abbiano già dei propri account;

- creare un nuovo account pubblicitario se, appunto, dobbiamo iniziare da zero.

Quando si creano delle campagne non esistono restrizioni.

L'unico limite è che potremmo avere una fattura emessa solo ad una società, anche qualora impostassimo annunci per due o più clienti.

Il facebook business manager è anche importante per la gestione del pixel, cioè un pezzetto di codice da inserire nel sito web e che permette di registrare le conversazioni, creare pubblici personalizzati e analizzare i dati statistici.

Con il nostro account di facebook business manager possiamo creare massimo dieci pixel.

Vediamo, prima, come creare il pixel di facebook da business manager. Per fare ciò dobbiamo essere amministratori dell'account, quindi, accedere alla sezione informazioni, selezionare la voce pixel e poi crea pixel.

Possiamo crearlo in tre modi:

- senza codice;

- installando manualmente il codice;

- inviando il codice allo sviluppatore del nostro sito web.

La configurazione del pixel richiede due tipi di codice:

- codice di base del pixel;

- codice delle azioni standard.

Per autorizzare altre persone ad accedere al nostro pixel dobbiamo essere per forza proprietari di un account facebook business manager.

Quindi, per assegnare una persona al nostro pixel dobbiamo:

- collegarci al business manager;

- sezione misurazione e report;

- pixel;

- scegliere il pixel di nostro gradimento;

- condividi;

- aggiungi persone o assegna account pubblicitario;

- scegli il ruolo nel caso di persone;

- salva modifiche.

Per quanto riguarda i ruoli da assegnare al pixel ne esistono due in particolare:

- editori del pixel, che possono vedere le informazioni che riguardano il pixel ed apportarne delle modifiche;

- analisti del pixel, che possono vedere le informazioni che riguardano il pixel ma non possono apportarne delle modifiche.

Infine, per la configurazione dei pagamenti su facebook business manager, ricordiamoci che ogni conto pubblicitario assegnato è regolato su base prepagata.

Quindi, prima viene fissato il limite di spesa sul proprio conto, e dopo si può ricaricare il proprio budget.

Per aggiungere un metodo di pagamento al facebook business manager andiamo su impostazioni dell'azienda, poi su pagamenti ed infine su aggiungi.

Esiste anche l'opzione che prevede la richiesta di un prestito pubblicitario, cioè dei fondi necessari per avviare una campagna pubblicitaria più complessa.

Discorso a parte va fatto, invece, per i domini. Se abbiamo un nostro sito dovremo inserire anche quest'ultimo. Ovviamente, prima ci accerteremo che sia affidabile al 100%, non di secondo livello e non gratuito.

Per aggiungerne uno, clicchiamo a sinistra su dominio e poi aggiungi dominio. In realtà questa operazione non è del tutto fondamentale perché si potrà fare anche dalle impostazioni di configurazione, quando andremo a creare le inserzioni pubblicitarie.

Infine, ricordiamoci che si potrà accedere all'account pubblicitario solo dal sito ufficiale e non attraverso link che ci rimandano alla pagina. Sarebbe da evitare di accedere da tanti indirizzi ip diversi e sarebbe opportuno effettuare il pagamento tramite un solo ip, in modo tale che tutte le transazioni importanti provengano sempre dalla stessa postazione.

Tutte queste accortezze sono molto importanti poiché le misure di sicurezza di facebook sono altissime. Se terremo a mente tutte queste considerazioni, potremo passare a creare le campagne pubblicitarie su facebook business manager e a gestire le pagine aziendali al meglio.

CAPITOLO 5

Scegliere la campagna più adatta in base agli obiettivi

Gli obiettivi disponibili per le campagne sono tanti.

Sono tutti specifici ed ognuno di essi ha le proprie caratteristiche, i propri pregi e difetti.

Tutti quanti sono perfetti per rispondere ad una determinata esigenza.

Ovviamente occorre sempre pianificare tutto in partenza.

L'obiettivo è la base per ogni facebook ADS, quindi, sceglierlo nel migliore dei modi permette di costruire una campagna di successo.

Una volta selezionato, l'obiettivo non è più modificabile. Qualora ci accorgessimo di aver commesso un errore o semplicemente volessimo cambiarlo, dovremo interrompere la campagna e iniziare una nuova con un altro obiettivo.

Le categorie di campagne Facebook sono divise in tre grandi aree:

- notorietà;

- considerazione;

- conversione.

Si tratta di un funnel marketing, cioè un percorso che il cliente andrà a fare per compiere l'azione che ci aspettiamo da lui. Il funnel marketing si compone di quattro momenti importanti:

- attenzione;

- interesse;

- decisione;

- azione.

Facebook ci permette di avere un pubblico con un livello alto di attenzione. I facebook ADS, poi, ci permettono di indirizzare il messaggio ad un pubblico che è già interessato al mercato, e questo ci permette di entrare nel funnel marketing.

Tornando alle campagne, iniziamo a parlare di quelle di notorietà.

Queste sono considerate le meno efficaci in termini di risultati. Si tratta di obiettivi che tendono ad aumentare la percezione del brand sconosciuto agli utenti di Facebook.

In particolare, le campagne di notorietà si dividono a loro volta in:

- Awareness, cioè mostrare le inserzioni ad un pubblico ampio;

- Copertura, cioè limitare il numero massimo di visualizzazioni al giorno, evitando, quindi, di terminare la campagna in pochi giorni.

Le campagne di considerazione, invece, hanno come obiettivo quello di promuovere i contenuti della pagina, facendo interagire gli utenti tra di loro o indirizzarli a siti esterni.

Si dividono a loro volta in:

- Traffico, cioè creare traffico ad un sito esterno a Facebook. Tale strategia è da usare prima delle conversioni perché si deve mostrare agli utenti l'interesse di quel determinato sito;

- Engagement, cioè creare interazione con post, mettere mi piace alla pagina e creare coinvolgimento. È un obiettivo usato per sponsorizzare i contenuti delle varie pagine;

- Installazione app, cioè spingere gli utenti a scaricare delle app;

- Visualizzazione video, cioè sponsorizzare contenuti video e monitorare i risultati per la durata di visione;

- Lead, cioè creare una scheda contatto già precompilata con i dati dell'utente iscritto a facebook, così da rendere più facile l'invio da parte dell'utente;

- Messaggi, cioè promuovere contenuti via Messenger.

Per quanto riguarda le campagne di conversione, lo scopo è quello di portare gli utenti sul sito aziendale, indirizzandoli verso pagine che presentano dei contenuti utili e, in un secondo momento, sviluppare una campagna conversione per portarli alla vendita vera e propria. L'obiettivo conversione si basa sull'uso del pixel facebook collegato al sito aziendale.

Si divide a sua volta in:

- vendita dei prodotti a catalogo proprio di persone, che vendono prodotti tramite e-commerce;

- visite al punto vendita proprio di persone, che hanno un negozio fisico e vogliono attirare potenziali clienti nel punto vendita.

Possiamo concludere dicendo che è molto importante comprendere gli obiettivi delle campagne di facebook business manager perché è il primo punto per avviare un percorso di facebook marketing.

Inoltre, per essere più precisi ed ottimizzare i costi, le campagne devono essere strutturate ed organizzate in modo da creare un percorso marketing definito e graduale.

I contenuti delle inserzioni, infatti, devono essere molto curati dal punto di vista estetico, sia che si tratti di immagini sia che si tratti di video. Questo aiuta la campagna ad avere un riscontro positivo su tutti gli utenti ed i potenziali clienti.

Le campagne pubblicitarie, poi, andrebbero usate una dopo l'altra per fare in modo che la nostra strategia di marketing segua un filo conduttore ben preciso.

Per lanciare una campagna di successo, però, non occorre solo identificare il suo obiettivo, ma il punto di partenza sarà sempre e solo la strategia di marketing e la conoscenza del processo di acquisto dei clienti.

CAPITOLO 6

Monitorare i risultati con il pixel di facebook

Il pixel di facebook è uno strumento basilare che dovrebbero conoscere tutti quelli che vorrebbero guadagnare il massimo dai propri investimenti su facebook ADS.

Viene usato per misurare l'efficacia che ha la pubblicità sui social network, dando il modo per capire tutte le azioni che gli utenti eseguono sul sito web dell'attività stessa.

Viene anche definito come un pezzo di codice da inserire all'interno del sito web e che si attiva tramite i cookie, che servono a seguire le interazioni degli utenti con il sito web dopo aver visualizzato l'annuncio sui social.

Quando un utente visita il sito web e compie un'azione, il pixel di facebook si attiva e registra questa azione, cosicché sarà possibile raggiungere l'utente creando un pubblico personalizzato.

Ovviamente l'uso che viene fatto dei pixel di facebook è vario.

Un uso importante è quello del re-targeting sugli utenti che hanno già interagito con il sito o con facebook ADS, e quindi , grazie al pixel, sarà possibile mostrare ad un futuro cliente l'annuncio che riguarda lo specifico prodotto in questione.

Dalle informazioni rilasciate dal pixel si può costruire anche un pubblico simile, formato da utenti con gusti, interessi ed età simili a quelli degli utenti che hanno già interagito con il sito web, così si potrà scegliere il target giusto per le nostre inserzioni facebook.

Un altro uso che viene fatto del pixel è quello di poter creare campagne su facebook ADS molto più strutturate, rivolte ad un pubblico creato in base alle informazioni che si hanno a disposizione. Più aumenteranno le conversioni sul sito e maggiore sarà la capacità di facebook di mostrare le inserzioni agli utenti.

Inoltre, grazie al pixel, sarà possibile mostrare le inserzioni alle giuste persone, aumentare le vendite e misurare i risultati delle inserzioni.

Installare il pixel facebook è molto facile: occorre disporre di un sito web dedicato alla propria attività e aggiornare il codice.

Una volta che il pixel sarà stato creato bisognerà aggiungerlo al proprio sito, e questo sarà possibile, come abbiamo accennato nei capitoli precedenti, aggiungendo manualmente il codice, sia usando un partner aggiuntivo sia tramite email.

Dopo questa operazione sarà possibile configurare gli eventi per misurare le azioni più importanti in base alle proprie esigenze. Per eventi si intendono quelle azioni eseguite dagli utenti sul sito web.

Gli eventi possono essere standard, cioè azioni predefinite riconosciute e supportate da facebook in tutti i loro aspetti, o personalizzati, cioè azioni che non rientrano tra quelle menzionate negli eventi standard. Tutti gli eventi si possono configurare manualmente oppure usando lo strumento specifico per configurare gli stessi.

Nel primo caso bisognerà accedere alla sezione pixel in gestione eventi, cliccare su configura il pixel, installa eventi usando il codice, cliccare sull'evento che si vuole configurare, monitora evento, ed infine copiare il codice dell'evento ed incollarlo sulla pagina di riferimento.

Nel secondo caso, invece, basterà aggiungere eventi al sito web senza usare codici aggiuntivi.

Quando avremo finito con l'installazione del pixel e degli eventi, possiamo verificarne il corretto funzionamento, e questo potremo farlo durante o dopo la configurazione.

Durante la configurazione è possibile controllare che il codice di pixel sia corretto, verificare di aver aggiunto il codice dell'evento nel luogo giusto, e controllare che tutti i codici siano scritti correttamente.

Dopo la configurazione si può usare lo strumento testa gli eventi per assicurarsi di aver inserito tutti i codici correttamente, e quindi di aver configurato gli eventi nel modo giusto. Si può anche consultare la sezione diagnostica per risolvere eventuali problemi che abbiamo riscontrato nella configurazione.

Con il pixel di facebook, quindi, possiamo ottenere il massimo dal nostro marketing online.

Il nostro consiglio è quello di usarlo per creare campagne più efficaci su facebook e migliorare il target delle inserzioni.

Infatti, grazie alle informazioni fornite dai pixel, sarà possibile creare campagne più efficaci, destinate ad un pubblico creato ad hoc in base alle informazioni che abbiamo a disposizione.

Tra i vantaggi più importanti dei pixel ricordiamo: assicurarsi che le inserzioni siano mostrate alle persone giuste; aumentare le vendite; misurare i risultati delle inserzioni stesse.

CAPITOLO 7

La creazione della campagna

Le campagne pubblicitarie su facebook business manager sono molto valide per arrivare al nostro pubblico e promuovere i prodotti o servizi di più interesse.

La creazione della campagna inizia quando clicchiamo su CREA.

Prima, però, si verifica una sorta di processo di revisione da parte del social network per controllare che tutti gli inserzionisti si attengano al codice etico di facebook.

Come già abbiamo detto, la prima cosa da fare è stabilire un obiettivo per la campagna, il quale deve essere chiaro, semplice ed in linea con tutto.

Una volta stabilito questo, possiamo procedere nel fornire un nome alla campagna, e tale nome può assumere quello del cliente, del sito o della pagina, ed in più dovrà avere un intervallo temporale per specificare fin quando la campagna sarà attiva.

Ora si può passare alla scelta del target sulla base delle informazioni prese dalle ricerche di mercato, dai dati Google o dai clienti stessi.

Esistono tre modi per scegliere il proprio target:

- usare un pubblico salvato, quando volgiamo rivolgerci nuovamente al pubblico che abbiamo usato per campagne precedenti;

- creare uno nuovo per età, genere, lingua, interessi, località geografica;

- affidarsi ad un pubblico simile

Accanto al target, facebook calcola anche una stima della copertura giornaliera, cioè un numero indicativo di persone che potrebbero vedere i nostri annunci ogni giorno.

Quando lanciamo la campagna rivolta ad un pubblico personalizzato, molte persone aggiungono i loro prodotti nel carrello e, successivamente, non completano subito l'acquisto, oppure lasciano la propria email ma non leggono mai la newsletter. Per raggiungere questi utenti esiste il re-targeting, cioè mostrare le inserzioni ad un pubblico, fatto di persone che hanno già interagito con noi. In tal modo potremo convincerle ad acquistare.

Discorso a parte va fatto per il target dettagliato. Questa, infatti, è la sezione più importante della segmentazione su facebook business manager. Ci sono diverse opzioni che possono essere selezionate per riuscire a scegliere una parte di pubblico molto specifica.

Nella fattispecie esistono quattro categorie in particolare:

- dati demografici, tra cui l'istruzione, il lavoro, il reddito e il patrimonio;

- interessi, tra cui lo sport e il fitness, l'intrattenimento e lo shopping, il cibo e il business;

- comportamenti, tra cui le abitudini di acquisto, le attività digitali, gli utenti di dispositivi mobili;

Esistono anche le categorie partner di facebook che si comportano nella stessa maniera di quelle appena citate.

Altro passaggio importante è il posizionamento, ovvero la posizione nella quale l'annuncio viene pubblicato. Questo dipende dall'obiettivo scelto poiché non tutti i posizionamenti sono disponibili per tutti gli obiettivi.

Ci sono due modi:

- posizionamento automatico, lasciare la decisione direttamente a facebook;

- selezione posizionamenti manualmente.

Ora possiamo passare ad impostare il budget: quanto siamo disposti a spendere in pubblicità. Possiamo stabilire un budget giornaliero o un budget totale. Nel primo caso facebook valuterà giornalmente le varie opportunità di successo, e quindi potrà succedere, ad esempio, che in alcuni giorni si spenderà di più rispetto al budget giornaliero, e in altri di meno. Nel secondo caso, invece, facebook calcolerà la spesa media di ogni giorno.

Definito il budget, possiamo programmare la pubblicazione degli annunci per determinati giorni ed orari della settimana e definire la tipologia di pianificazione, che può essere:

- standard, quando il budget viene usato per avere risultati durante tutta la programmazione della campagna ;

- accelerata, quando il budget si esaurisce subito per avere dei risultati nell'immediato.

L'ultimo passaggio, prima di pubblicare una campagna, riguarda la creazione degli annunci:

- selezionare la struttura che dovrà avere l'annuncio;

- aggiungere un'esperienza a tutto tondo;

- inserire le immagini, i testi, gli URL delle pagine di destinazione.

Adesso basterà fare clic su continua e aspettare la revisione di facebook.

Qualora la nostra inserzione verrà approvata, la potremo visualizzare nella data scelta nella fase budget.

Se, invece, facebook dovesse respingere l'inserzione, ci verrà comunicato per apportare le opportune modifiche.

Inoltre, tale piattaforma, ci fornisce delle statistiche sulle campagne che abbiamo attivato sul nostro profilo.

Queste statistiche sono divise su due livelli:

- statistiche a livello di campagna, dove si potranno controllare diversi parametri, tra cui le prestazioni generali, i dati demografici, il posizionamento;

- statistiche a livello di inserzione, dove si potranno controllare i parametri come il risultato, la copertura, il costo per il risultato, il budget speso, la valutazione assegnata, le visualizzazioni dei video.

Facciamo anche una breve analisi sugli errori che andrebbero evitati quando si crea una campagna, come il non portare pazienza. Quando facciamo pubblicità i risultati non arrivano subito e ci vorrà un po' di tempo prima di avere riscontri positivi. Bisogna evitare di modificare continuamente i nostri annunci perché questo rallenterà ancora di più il processo. Importare è eseguire un'analisi dettagliata per evitare di sbagliare gli investimenti, e ovviamente, per fare ciò, dovremo stilare un piano marketing più che efficiente per pianificare in modo dettagliato tutti i vari step della nostra campagna. Cercare di non volere a tutti i costi l'attenzione di tutti ma di segmentare il nostro pubblico di riferimento, mettendoci nei panni degli stessi per capire a fondo cosa il nostro pubblico voglia davvero visualizzare. Quindi, sulla base di queste informazioni, sarà possibile fare le dovute scremature. Non puntare tutto sulla vendita perché potrebbe essere controproducente: il potenziale cliente va aiutato ad acquistare in modo delicato, evitando di andare subito al sodo, ed è necessario coinvolgerlo in tutti i modi ed informarlo, anche perché così riusciremo a trasmettere credibilità e professionalità. I nostri annunci non devono contenere troppe informazioni e non devono infastidire, ma devono cercare di essere il più possibile essenziali e coincisi. In questo senso, molto spesso, l'impatto visivo è molto più importante, soprattutto quando si tratta di immagini di qualità e di video. Qui, infatti, non è presente troppo testo e si può dare ampio spazio alla nostra creatività per riuscire a conquistare i nostri clienti, e si potrà anche usare un titolo che incuriosisca e invogli a cliccarci sopra nell'immediato.

Fondamentale anche pensare ad una landing page efficace, cioè quella pagina sulla quale arriveranno i clienti quando cliccheranno sull'annuncio. Questa pagina dovrà essere attraente, accattivante, ed in linea con ciò che stiamo offrendo e promuovendo.

Infine, un errore che spesso facciamo quando creiamo le nostre campagne è quello di controllare continuamente le statistiche. I dati di ogni campagna sono importanti per capire i problemi da risolvere ma, a volte, questo errore viene commesso per pigrizia o scarsa conoscenza, nel senso che non si conosce perfettamente lo strumento con cui monitorare le campagne. All'interno del pannello di gestione delle inserzioni ci vengono mostrati alcuni dati, e starà a noi personalizzare le colonne per poter vedere ulteriori informazioni sulle campagne. Infatti sarà proprio da queste informazioni che potremo capire i nostri errori e porci rimedio.

È importante conoscere tutti gli errori che spesso tendiamo a commettere in modo inconsapevole, cosicché potremo essere più attenti ed usare tutte le armi a nostra disposizione per avviare una campagna nel migliore dei modi.

CAPITOLO 8

La creazione del gruppo di annunci

Facebook business manager offre una vastità di formati di annunci per la pubblicazione degli stessi.

Così come per gli obiettivi, possiamo dividere i formati degli annunci in diverse categorie, in base allo scopo che si vuole raggiungere.

Le categorie più importanti sono:

- traffico e contatti;

- vendite e contatti per prodotti o servizi;

- like e interazioni;

- installazione di app;

- visite al negozio fisico o eventi.

Nella prima categoria troviamo le inserzioni con link cliccabile, ovvero un tipo di annunci usati per indirizzare il traffico verso un post del blog o verso una pagina e le inserzioni video che funzionano come quelle cliccabili, ma dovremo pagare per far sì che le persone guardino quel determinato video. Questi annunci vengono usati per mostrare come funziona il prodotto o servizio e per aumentare le possibilità di vendita. Infine, qui troviamo anche le inserzioni in evidenza che vengono usate per raggiungere tutte quelle persone che hanno già messo il like alla nostra pagina, e vengono usati anche a scopo di marketing.

Nella seconda categoria parliamo di annunci fatti per la vendita diretta o per l'acquisizione di leads. Quindi parliamo del carosello: un annuncio che ci permette di pubblicizzare fino a dieci immagini, insieme anche a video, titoli e link. Questi tipi di annunci vengono usati in particolar modo per i siti di e-commerce, in modo tale da poter visionare più di un prodotto o più di un catalogo. Vengono usati anche per raccontare in modo più dettagliato e completo ciò che vogliamo vendere o promuovere.

In questa categoria troviamo anche le inserzioni dinamiche di prodotti del catalogo, cioè annunci che possono essere singoli o a carosello. Con questi annunci aumentano le conversioni. E ancora, troviamo, le inserzioni per l'acquisizione di contatti, cioè annunci fatti per permettere agli utenti di lasciare i propri dati senza dover uscire necessariamente da facebook. Questo è un metodo valido per ottenere le mail di potenziali clienti e iniziare le campagne.

Le inserzioni Canvas, invece, sono annunci interattivi. Gli utenti così possono scorrere tra diverse immagini, ruotare l'immagine e fare zoom.

Infine le inserzioni collezione, che ci permettono di fare visionare una collezione intera di prodotti.

Per quanto riguarda la categoria inserzioni per like e interazioni, esistono quattro tipologie studiate apposta per ottenere più like alla pagina.

Queste sono:

- Inserzione per like alla pagina, cioè annunci che vengono usati appunto per ottenere più like possibili alla pagina;

- Inserzione per like alla foto, annunci molto simili ai primi;

- Inserzione per like con video, cioè annunci capaci di attirare l'attenzione ed incuriosire;

- Inserzione per like testuale; cioè un semplice annuncio di testo.

Nella categoria di installazione di app mobile e desktop troviamo:

- gli annunci per app mobile disponibili solo per i dispositivi mobili, presentano tassi di conversione elevati poiché con un semplice clic gli utenti vengono indirizzati direttamente allo store per scaricarla. Si possono anche creare annunci in base alla piattaforma su cui si trovano;

- gli annunci per app desktop sono annunci usati solo se promuoviamo un'app di facebook;

- gli annunci per app instagram sono annunci che funzionano come quelli per dispositivi mobili, ma che sono visualizzati solo su Instagram.

Nell'ultima categoria parliamo di un tipo di annunci studiati per attirare le persone verso il nostro negozio fisico o verso un nostro evento.

Esistono tre tipologie in particolare:

- Inserzioni per eventi, per promuovere tutti gli eventi che creiamo su facebook;

- Inserzioni con offerta, per offrire agli utenti degli sconti o dei coupon da usare anche nel nostro negozio;

- Inserzioni per promuovere l'attività a livello locale, per creare degli inviti particolari o per spingere gli utenti a contattarci o per richiamare persone che si trovano attualmente vicino al nostro negozio.

Quindi, per avviare la nostra prima campagna pubblicitaria su facebook, ci basterà andare nella sezione gestione annunci, e da qui scegliere un obiettivo di marketing e il nome della campagna. Ricordiamoci che tale campagna potrà contenere più gruppi di inserzioni, ognuno dei quali potrà contenere più annunci.

Inoltre, il facebook business manager ci offre la possibilità di creare dei pubblici personalizzati, partendo dalla lista dei nostri clienti.

Infatti, è possibile crearlo trovando sul social tutti quegli utenti che hanno avuto contatti con la nostra azienda, oppure creare un pubblico simile trovando nuovi utenti potenzialmente interessati.

Tra i pubblici personalizzati che possiamo creare ci sono:

- sito web, ovvero richiamare i visitatori dal sito e mantenerli per un massimo di 180 giorni;

- elenco clienti, ovvero caricare liste di indirizzi email, numeri di telefono, facebook id;

- attività nelle app, ovvero richiamare chi ha già usato l'app;

- video, ovvero richiamare chi ha visualizzato un video per almeno tre secondi consecutivi;

- profilo Instagram business, ovvero richiamare chi ha interagito con l'account instagram del nostro brand;

- modulo per l'acquisizione contatti ed esperienza interattiva, cioè richiamare chi ha interagito con questi due strumenti;

- eventi, ovvero richiamare chi ha interagito con gli eventi, ha visitato le pagine, ha iniziato l'acquisto;

- pagina facebook, ovvero richiamare chi ha interagito con la stessa.

I pubblici personalizzati ci permettono di raggiungere persone che già ci conoscono, e di dividerle in base alle proprie azioni o preferenze.

Per quanto riguarda i posizionamenti, questi possono variare in base all'obiettivo scelto della campagna, ma non per tutti gli obiettivi sono disponibili tutti i posizionamenti.

Ci sono due possibilità:

- posizionamento automatico;

- posizionamento manuale.

E poi quattro grandi categorie di posizionamento:

- Facebook;

- Instagram;

- Audience network;

- Messenger.

Oltre a queste categorie, abbiamo la possibilità di decidere se la nostra pubblicità debba essere vista solo su desktop, solo su mobile o su tutti e due.

Per quanto riguarda facebook, i posizionamenti più importanti riguardano:

- Sezione notizie, dove gli annunci vengono visualizzati nella bacheca;

- Colonna di destra, dove gli annunci vengono visualizzati solo da PC e compaiono nella sezione destra della homepage;

- Instant article, gli annunci vengono visualizzati all'interno di articoli;

- Marketplace, dove gli annunci vengono visualizzati sul cosiddetto mercatino di facebook;

- Feed video, dove gli annunci vengono visualizzati dalle persone che navigano nella sezione video;

- Storie di facebook, dove gli annunci vengono visualizzati tra le storie degli utenti;

- Video in streaming di facebook, dove gli annunci vengono visualizzati nei video in diretta.

Data la crescita esponenziale di aziende che intendono fare pubblicità su Facebook, i posizionamenti continueranno ad aumentare sempre di più.

Occorre sempre ricordare di prestare attenzione alle varie performance di ogni singolo posizionamento e che, ovviamente, questo possa variare in base al pubblico, all'obiettivo della campagna e alla campagna stessa.

Questo aiuterà ad allocare le risorse al meglio nelle campagne future.

Inoltre, la scelta di alcuni posizionamenti comporta anche diversi adattamenti grafici dell'immagine scelta per la campagna pubblicitaria. Infatti, ogni posizionamento su facebook ha dimensioni dell'immagine, proporzioni e requisiti diversi. Per questo esiste l'opzione di un adattamento automatico, facendoci risparmiare tantissimo tempo e denaro.

Procedere con un giusto posizionamento renderà gli annunci più accattivanti e coinvolgenti, ma l'importante è sempre monitorare il tutto.

CAPITOLO 9

La creazione dell'annuncio

Prima di creare un annuncio, bisogna capire come si comporta l'algoritmo di facebook. Questo è importante perché in grado di trovare gli annunci che esprimono un'ottima esperienza all'utente. Impostando in modo corretto la nostra campagna pubblicitaria, potremo ottimizzare al meglio il nostro budget. L'algoritmo ha ragione di esistere perché qualunque cosa noi decidiamo di mettere in atto per fare pubblicità su facebook non dovrà monopolizzare quella determinata opzione, altrimenti gli utenti non torneranno più o comunque limiteranno la propria permanenza sulla piattaforma.

I nostri annunci dovranno essere interessanti per aumentare la fidelizzazione degli utenti e migliorare la loro permanenza all'interno del social network.

Facebook permette a tutti di vedere gli annunci a pagamento in esecuzione su una pagina. Questa funzione è molto utile per sfruttare le informazioni a proprio vantaggio.

Nella sezione creazione dell'annuncio possiamo caricare sia immagini che video. I video tendono a superare le immagini, quindi rimane sempre l'opzione più vincente.

Inoltre, è possibile anche creare una sequenza di annunci su facebook in base al nostro imbuto di email marketing. Gli imbuti di vendita comprendono delle sequenze di email prescritte, che vengono consegnate in determinati giorni.

Per creare una sequenza dinamica di annunci, bisogna rispettare alcune regole:

- il gancio, ovvero attirare il cliente ideale e dargli valore attraverso dei contenuti offerti gratuitamente, e che andranno a guidare il cliente verso la scelta migliore;

- annuncio di nurturing, che andrà visionato da tutti quelli che sono rimasti impressi dal primo annuncio. Si usa questo annuncio per dare ancora più valore agli utenti;

- annuncio Testimonial, tramite cui raccontare ai clienti le soluzioni che possiamo offrire;

- annuncio ask ADS, ovvero fornire un'offerta che sia in grado di soddisfare le esigenze dei nostri potenziali clienti

Per attirare le persone, che si sono impegnate con i nostri post sui social negli ultimi tre mesi, dobbiamo impostare un annuncio con obiettivo conversione a persone, che sono simili a quelle che hanno già acquistato in base alla loro età, luogo, interessi, valori e altro.

Fatto ciò, per aumentare ancora di più la fiducia delle persone che hanno visitato il sito web, possiamo usare casi di studio e testimonianze.

I casi di studio si basano su storie personali e forniscono informazioni dettagliate, le quali convincono gli utenti del valore esistente di quel determinato prodotto.

Le testimonianze, invece, sono testimonianze di persone simili al nostro pubblico, tipo sul perché quel determinato prodotto li abbia aiutati a trovare delle soluzioni ai problemi.

Si possono anche fornire delle prove, una demo o uno sconto, che andranno a confermare il funzionamento del prodotto o servizio.

Si può usare la creatività per realizzare annunci diversi a seconda del pubblico in cui si va ad operare, rimanendo comunque fedeli al marchio e al brand proposti.

La varietà degli annunci e la loro creatività cambieranno in base al format che si vuole proporre: una campagna, che vuole promuovere i like per un post o che tenta di aumentare il numero di fan, avrà un aspetto diverso da un'altra che invece vuole sponsorizzare il sito del brand o la pagina stessa.

In tal contesto, un esempio tipico è il carosello di foto, cioè un formato che include dalle tre alle cinque immagini e/o video in un unico annuncio. Questo è un formato molto utile perché permette di presentare più prodotti legati a diverse pagine, mette in evidenza più caratteristiche che riguardano quel prodotto, racconta una storia legata al brand o spiega il processo di creazione, e promuove diversi vantaggi. Esistono però anche dei difetti circa il carosello, e cioè:

- pubblicare post in modo casuale e disordinato senza seguire un filo conduttore, e senza individuare un giorno in cui promuovere il prodotto;

- pubblicare saltuariamente, con questo metodo che non aiuta i fan ad instaurare un rapporto con il brand, e non viene aiutato l'algoritmo di facebook a rendere più semplice la campagna;

- usare una punteggiatura scarsa o infantile, poiché non si comunica professionalità e credibilità;

- scrivere tutto in maiuscolo,dato che è scorretto ricorrere a questo metodo;

- commettere errori grammaticali o sintattici, poiché fare questo tipo di errori equivale ad intaccare la propria professionalità e la credibilità;

- inserire contenuti visivi senza testo didascalico, poiché così facendo non viene instaurata un certo tipo di interazione con gli utenti;

- pregare o scongiurare i propri fan, perchè si rischierebbe solo di fare una brutta figura;

- essere spammy, cioè non pubblicare un annuncio ogni due secondi, ma piuttosto puntare sempre sulla qualità delle prestazioni;

- non fare test per tenere sotto controllo il rendimento;

- rubare contenuti o idee altrui e farle proprie.

Parlando della parte pratica, creare un annuncio su facebook business manager è molto semplice. Basterà fare clic sul pulsante crea annuncio e scegliere tra i diversi obiettivi pubblicitari.

Possiamo modificare i nostri annunci anche contemporaneamente nel caso si tratti di più annunci insieme.

Facebook business manager ci offre anche la possibilità di filtrare e cercare specifici annunci o gruppi di annunci:

- ricerca;

- filtri;

- intervallo di date;

- livello di annuncio.

Per creare annunci più efficaci potremmo aver bisogno di analizzarne il rendimento dei singoli annunci pubblicati. Facebook business manager dà la possibilità di compiere il drill down su ciascuno di essi, fornendo informazioni dettagliate.

Ciò che può determinare, il successo o il fallimento di un annuncio, non è l'annuncio stesso ma il targeting del pubblico o l'offerta, quindi, nel caso in cui non dovessimo ottenere dei risultati, dovremo modificarne prima uno di questi.

Per creare un annuncio di re-targeting avremo bisogno semplicemente di un pixel attivo e di due conversioni personalizzate, ovvero l'aggiunta di un prodotto nel carrello e l'avvenuto acquisto.

Non sarà importante quanto la nostra offerta sia buona, quanto la nostra immagine o video sia capace di attirare l'attenzione o quanto sia valido il testo di un annuncio. Qualora mostrassimo il nostro annuncio alle persone sbagliate, semplicemente non troveremmo effetti positivi. Il pubblico è sempre la prima cosa da dover testare.

Per ottimizzare i nostri annunci bisogna controllare alcuni parametri quali:

- report pubblicitari;

- creatività negli annunci;

- frequenza degli annunci;

- Test a/b;

- localizzazione;

- stagionalità;

- testo degli annunci.

Il nostro consiglio, almeno inizialmente, è quello di inserire una sola immagine o un solo video per ogni annuncio e, per risultare più veri, usare le nostre stesse immagini piuttosto che rivolgerci a quelle proposte dal social; usare un titolo persuasivo che attiri l'attenzione del pubblico; inserire un testo semplice con brevi descrizioni del prodotto che vogliamo promuovere; scegliere la giusta call to action che potremo aggiungere ad ogni annuncio.

Ricordiamo che il nostro annuncio dovrà essere approvato da facebook, e lo stesso dovrebbe essere inserito sempre e solo in un canale. Infine, potremo monitorarne i risultati cercando di avere pazienza, perché ci vorrà tempo prima di raccogliere risultati adeguati.

Per quanto riguarda, invece, il carosello di instagram, bisogna spendere due parole a riguardo. Sappiamo bene che inizialmente era possibile pubblicare una solo storia per inserzione. Oggi, invece, grazie al formato carosello, si potranno pubblicare più contenuti consecutivi in un annuncio sulle stories.

Con questa novità, instagram vuole aumentare le sue entrate pubblicitarie, considerando anche la quantità di aziende che usano le storie per promuovere i propri prodotti. Il carosello di instagram può anche essere usato per promozioni e spot di diverso genere. Il carosello di instagram non è nient'altro che un post che contiene più foto o immagini. Può essere sviluppato in modo creativo oppure no, e offre agli utenti il modo di scorrere sulle immagini visualizzate per vedere cos'altro propone lo stesso post. Questi caroselli vengono usati principalmente per fare pubblicità, proprio perché il loro scopo è quello di attirare la gente. I caroselli di instagram possono essere salvati. Per avere un certo successo e fare in modo che la funzione carosello venga usata sul nostro profilo, dovremo cercare di pubblicare post di qualità, farlo in modo frequente e negli orari in cui le persone abbiano più voglia di interagire. Inoltre dovremo lavorare molto sulla nostra originalità per distinguerci dagli altri e attirare l'attenzione.

Qualora volessimo avere dei risultati in tempi brevi dovremo rivolgerci a dei professionisti del settore.

CAPITOLO 10

La scelta del budget

Non esiste una regola precisa su quanto si dovrebbe spendere per fare pubblicità su facebook. La spesa sarà decisa di volta in volta dagli obiettivi che si vogliono raggiungere, dal tipo di prodotto che vogliamo promuovere, e dal target verso cui sarà indirizzata la nostra campagna.

Questo, però, non significa che non sia possibile seguire delle regole che possano aiutare a gestire al meglio le risorse destinate a queste attività.

Solitamente chi è alle prime armi tende ad impostare un budget totale poiché lo trova più rassicurante. Se selezioniamo una data di inizio e di fine, facebook si occuperà di dividere il budget in parti uguali per il numero di giorni impostati. Arrivati alla fine non sarà però possibile fare ripartire la campagna.

Se la campagna finisce senza aver apportato modifiche da parte nostra, ci sarà il rischio di perdere un'inserzione magari ottimizzata.

Da questo punto di vista sarebbe meglio usare il budget giornaliero, e quindi controllare di giorno in giorno l'andamento della pubblicità.

Quando impostiamo una campagna possiamo selezionare le fasce orarie e i giorni in cui il nostro annuncio sarà attivo, e questo solamente nel caso in cui si scelga il budget totale. Lasciando la pubblicità sempre attiva per un dato periodo di tempo, lo stesso facebook si occuperà di mostrare la pubblicità e di spendere il nostro budget nei momenti in cui gli utenti saranno maggiormente connessi e attivi.

La massima priorità va sempre data al costo per risultato e a tutti quei risultati legati ai nostri obiettivi di business.

Esistono, comunque, delle strategie che possiamo usare per stabilire il costo di una campagna:

- campagna pilota, che viene usata quando non abbiamo assolutamente nessuna idea circa i costi di una campagna. Per creare una campagna pilota basterà assegnare un budget ridotto alla campagna per un periodo limitato di tempo, in modo da avere un costo per risultato di partenza che useremo per stimare il budget, e che dovrà essere ottimizzato durante la campagna stessa. Con questa strategia avremo un'idea dell'investimento che dovrà essere fatto per l'azienda, ma non tiene conto dei costi sostenuti per gli annunci delle singole prestazioni;

- analisi e storico delle campagne per quantificare il budget per le campagne di facebook, che viene usato per capire quanto potremo spendere in futuro con le campagne. Analizzare lo storico delle campagne pubblicitarie passate ci dà la possibilità di migliorare laddove esistono criticità. Lo svantaggio però risiede nel fatto che non sempre le prestazioni passate saranno le stesse del futuro. Per capire quanto poter spendere in futuro, soprattutto per un brand che non ha mai fatto campagna, sono efficaci gli studi di settore che ci daranno una base di partenza per capire su quali prestazioni puntare. Lo svantaggio dello studio di settore può riguardare quelle attività che offrono prestazioni in contesti differenti dal nostro. Altri metodi sono i case study e il facebook campaign planner. Il primo ci permette di comprendere se il percorso usato da un'azienda simile alla nostra possa essere adottato anche per noi. Lo svantaggio, però, risiede nel fatto che ciò che ha funzionato per alcuni non è detto che vada bene per tutti. Il secondo metodo è disponibile solo per gli inserzionisti che hanno usato lo strumento di acquisto, basato sulla copertura e frequenza.

Nella fase di creazione di una campagna, Facebook ci darà alcune stime sui possibili risultati che potremo aspettarci in base alla modifica di alcuni parametri come il pubblico, il budget investito e i posizionamenti scelti. Il budget varierà in base al settore in cui operiamo e al servizio o prodotto che offriamo, al fattore competitivo e alla saturazione del mercato di riferimento, al modello di business e agli obiettivi che ci prefissiamo di voler raggiungere.

Il budget da investire, inoltre, è una delle metriche fondamentali che facebook usa per decidere se mostrare o meno le nostre inserzioni al pubblico. In tal senso, facebook si avvale di un sistema aste per scegliere gli annunci migliori e selezionare il pubblico al quale esporle.

Oggi esistono migliaia di aste che ogni secondo si attivano sulla piattaforma, e probabilmente ognuno di noi ci ha partecipato inconsapevolmente. Vengono usati degli specifici parametri per determinare quale sia l'annuncio migliore:

- l'offerta, cioè quanto si sia disposti a pagare per scegliere l'obiettivo di business;

- tassi di azione stimati;

- pertinenza e qualità dell'annuncio.

Facebook usa il proprio algoritmo sia per valutare il proprio annuncio sia per selezionare il miglior utente, e alla fine l'annuncio migliore vince l'asta.

Anche se si facesse un'offerta alta, si potrebbe perdere l'asta qualora l'annuncio non fosse pertinente o interessante per il pubblico scelto.

Una previsione del budget da investire in una campagna sui social può essere fatta anche usando il proprio modello di business.

Diciamo che, solitamente, facebook tende a distribuire in modo intelligente il budget tra i vari gruppi di annunci, con lo scopo di ottenere più conversioni possibili. Quindi abbiamo la possibilità di scegliere tra costo inferiore, costo inferiore con limite dell'offerta, e costo desiderato.

Facciamo alcuni esempi di campagne che ci possano aiutare a capire e definire al meglio il budget corretto.

Per quanto riguarda il budget di un e-commerce si può dire che sia molto costoso.

Per questo tipo di pubblicità, non si spende meno di 20 euro al giorno e non si imposta una campagna inferiore ai 30 giorni. L'ideale sarebbe definire una doppia campagna con pubblico diverso e capire quale delle due sia quella più accattivante e, quindi, ripetibile nel tempo.

Per la lead generation, sarà necessario spendere intorno ai 10 euro al giorno, mettendo da parte anche una cifra per un eventuale campagna di re-targeting per un periodo non inferiore ai 30 giorni.

Per la brand awareness si può usare un budget ridotto, visto che l'unico scopo è quello di far conoscere il brand ai soli utenti di facebook. In questo caso c'è anche la determinata geografica: iniziare una campagna in metropoli ovviamente comporterà costi maggiori rispetto ad una piccola cittadina.

In conclusione, definire un budget non è affatto semplice e, soprattutto, occorre effettuare molte valutazioni.

Alla base di una buona strategia esiste il bisogno di creare una campagna con un orizzonte temporale ampio, e la bravura nell'imprenditore di comprendere la concorrenza del proprio settore, adottando così delle strategie mirate.

In realtà ci sono due modi molto semplici per definire il costo degli annunci su facebook business manager, l'offerta e il budget.

Ed in particolar modo il budget può essere:

- budget giornaliero, ovvero l'importo medio che siamo disposti a spendere giorno per giorno per una campagna;

- budget a vita, ovvero l'importo che siamo disposti a spendere durante tutta la campagna.

L'offerta, invece, è l'importo che siamo disposti a spendere per ottenere un determinato posizionamento di quel determinato annuncio. Se non scegliamo un'offerta, facebook calcolerà automaticamente una qualsiasi in base al budget scelto da noi durante la campagna.

Quando si pensa ai costi su facebook business manager, dobbiamo tenere in mente due punti importanti.

In primis, pagheremo solo un centesimo in più rispetto all'offerta della nostra competizione più diretta.

In secondo luogo, i costi della pubblicità potranno fluttuare e anche di molto. Quindi dovremo sempre controllare i costi degli annunci su facebook in modo da attuare la strategia migliore.

Solo adottando questi accorgimenti sarà possibile definire un giusto budget, che potrà generare un ritorno sull'investimento più che soddisfacente.

Come abbiamo visto, una campagna su facebook business manager può avere costi differenti, quindi, l'unico modo per sapere quali saranno effettivamente i costi sarà quello di provarlo direttamente, ricordando sempre che esistono dei fattori comuni che influenzano il costo dei nostri annunci su facebook.

Questi fattori sono:

- pubblico di riferimento;

- obiettivo di marketing;

- competitor;

- quando si fa la pubblicità;

- posizionamento degli annunci;

- punteggio di valutazione.

Per ridurre i costi della pubblicità su facebook possiamo fare dei test, concentrarci su un solo obiettivo alla volta, mantenere sempre alti i punteggi di valutazione, mantenere bassi i punteggi di frequenza, aggiornare i nostri annunci, selezionare un pubblico di riferimento per le nostre campagne, usare il re-targeting e il re-marketing, limitare le nostre offerte.

EPILOGO

Dopo aver illustrato e guidato, passo dopo passo, nella creazione della pagina aziendale e degli annunci pubblicitari, potremo sfruttare al meglio tutte le potenzialità di questo social network sia a livello di visibilità che del numero di utenti giornalmente attivi e potenzialità puramente commerciali.

Per guadagnare soldi da facebook, basta trovare un prodotto unico e mostrarlo nel format migliore ad un pubblico ideale.

Come per tutte le cose di questo livello, occorrerà avere pazienza e formarsi adeguatamente sempre, dato che si tratta di un mondo in continua evoluzione.

TIK TOK MARKETING

CAPITOLO 1

Un po' di storia

Dobbiamo far risalire la scoperta di questa applicazione a due soci cinesi, Alex Zhu e Luyu Yang. I due ebbero questa brillante idea da un proprio viaggio fatto in treno. Durante questo viaggio Zhu notò un gruppo di giovani adolescenti che ascoltavano la musica e, nello stesso tempo, facevano dei video selfie con il proprio telefono, condividendoli successivamente con il gruppo.

Fu proprio in questo preciso momento, ed in tal contesto, che Zhu si rese conto che poteva combinare tra di loro video e musica, creando quindi un social network finalizzato al target giovanile.

In un solo mese questa idea trovò la sua realizzazione, e nell'agosto 2014 l'applicazione venne pubblicata a tutti gli effetti.

I dati, ovviamente, cominciarono a parlare da soli sin dall'inizio, anche se la crescita risultava ancora troppo lenta.

Venne, quindi, apportata subito qualche modifica tra cui quella di includere il logo nei video che venivano condivisi dagli utenti.

Questo perché ci si rese conto che i video venivano condivisi su altri social senza che il logo fosse visibile. Con tale modifica, in pochissimo tempo, l'applicazione raggiunse i primi posti di tutte le classifiche.

Nel 2017 arrivò, però, la svolta per i due soci, ovvero un'offerta di acquisizione della società per una cifra che si aggirava intorno al miliardo di dollari. Venne, quindi, ceduta al gruppo Bytedance, accedendo in tal modo ai grandi mercati asiatici.

Nel 2018 Bytedance decise di unire la piattaforma mantenendo un unico nome, appunto quello di Tiktok.

Con questa fusione Tiktok divenne la piattaforma numero uno di video sharing di formato corto e breve in tutto il mondo.

Oggi si può definire questa applicazione la più scaricata al mondo dopo WhatsApp e Messenger.

Una crescita che pian piano inizia a coinvolgere anche il mercato Italiano.

Attualmente la società ha sede a Los Angeles, con uffici globali a Londra, Tokyo, Seul, Shangai, Pechino, Singapore, Giacarta, Mumbai e Mosca.

Il signor Zhu è diventato vicepresidente onorario.

Si tratta, quindi, di un'applicazione che ha superato alla grande le aspettative iniziali, e che a differenza della sua simile YouTube, dove gli utenti si possono dedicare prevalentemente a vedere video, qui, invece, gli utenti caricano i propri video.

Tiktok è un fenomeno in costante crescita che si basa sul semplice concetto di riprendersi con la videocamera del proprio smartphone per entrare a far parte di una grande community.

Sembra stia rivoluzionando il modo di interagire tra gli utenti, presentando un mondo molto lontano dai canoni di bellezza perfetti di instagram, condividendo sempre di più quei concetti e quei modi di vivere tipici della cultura asiatica.

CAPITOLO 2

Che cos'è Tiktok

Tiktok è una piattaforma social che si basa principalmente su due fattori: la musica e i social.

Utenti da ogni parte del mondo possono commentare, mettere like e condividere video di chiunque: quindi un social dove poter essere se stessi, dove i giovani possono dare spazio alla propria creatività e al proprio divertimento.

L'unico vero social godibile al mondo, il più amato dai teenager, il più scaricato dal pianeta.

Infatti, si tratta di un'applicazione che permette di registrare, editare, condividere video brevi in formato verticale, da quindici a sessanta secondi, permettendo poi all'utente di aggiungere sottofondi musicali, dialoghi, effetti visivi.

Si può definire un po' come un mix di diversi social network: un po' di YouTube basandosi esclusivamente su contenuti video, un po' facebook perché prevede i tasti like, commento e condivisione, un po' instagram con i tasti scopri, segui e i vari filtri, un po' twitter per i vari hashtag, un po' snapchat perché ha un meccanismo di pubblicazione e visualizzazione molto simile alle stories.

Ovviamente ha anche delle caratteristiche, proprio come:

- elaborazione dei contenuti, che non si sono mai visti prima;

- facilità d'uso e comprensione istantanea della piattaforma;

- la musica.

Uno dei vantaggi di questa applicazione è quello che permette alle grandi aziende di fare marketing attraverso la condivisione di prodotti degli influencer, i cosiddetti muser di Tiktok.

Infatti, oggi, i video non sono più solo musicali, ma vengono mostrate le proprie abilità, qualità, passioni, il proprio talento.

L'applicazione, inoltre, permette agli utenti di accelerare, rallentare o modificare con un filtro il suono o la musica di sottofondo, che può essere selezionata da diversi e numerosissimi generi musicali, ed il sistema di montaggio risulta essere, oltre che creativo, anche molto intuitivo e veloce.

Per comprendere meglio il concetto base di Tiktok, si potrebbe definire come una sorta di karaoke visivo dove i montaggi sono alla portata di tutti, realizzabili direttamente con il proprio telefono.

Lo slogan è proprio quello di dare importanza ad ogni secondo, perché in soli e massimo sessanta secondi si deve concentrare il tutto.

Sicuramente può essere considerata come l'applicazione del futuro, visto il suo uso tra i più giovani. L'età minima per iscriversi è tredici anni, ma come per la maggior parte dei social, ogni giorno troviamo modi creativi per barare sull'età. Il nostro consiglio, quindi, è sempre quello di prestare attenzione alla conoscenza di questa piattaforma per poter meglio seguire e guidare i nostri figli.

Inoltre, anche se non apparteniamo a tale generazione e anche non in qualità di genitori o esempi di riferimento, sarebbe ugualmente interessante esplorare il mondo di Tiktok per capire le origini di molte mode della rete di oggi, il linguaggio, ed i vari trend che ci sono tra i più giovani.

Seppur possa sembrare tutto molto spiazzante, possiamo consultare i contenuti della piattaforma anche solo come semplici osservatori, senza l'obbligo di iscrizione.

Oggi, assistiamo a tantissimi video su questo social di mamme da sole o in compagnia dei propri figli, e che pubblicano video principalmente per cercare di usare lo stesso linguaggio dei propri figli o per adottare lo stesso modo di comunicare.

Con Tiktok entriamo in una nuova era della comunicazione, dove la creazione del messaggio e la sua fruizione scorrono in modo fluido e veloce senza essere soggetti al tempo, senza barriere linguistiche, e senza interruzioni esterne.

Il nostro consiglio è quello di iscriversi su questo social network, prima di tutto perché stimola il talento e la creatività, ed è un valido sostituto per chi è stufo dei soliti social ed è alla ricerca di un puro intrattenimento diverso nel suo genere.

Il fatto che Tiktok conti già milioni di iscritti offre la possibilità di diventare molto popolari, di costruirsi una rete notevole di follone, e di iniziare a monetizzare grazie alla propria creatività.

CAPITOLO 3

Come funziona Tiktok

La prima cosa da fare è scaricare l'applicazione dai rispettivi store di appartenenza, dopo di che creare un profilo personale.

Inserire, quindi, i propri dati, il codice a quattro cifre ricevuto sul proprio telefono per l'autenticazione, impostare una password, selezionare la casella non sono un robot, ed eccoci pronti per iniziare ad usare tale applicazione.

Una volta entrati, ci troveremo davanti al nostro profilo personale, ovviamente senza foto e senza contenuti.

Quindi, potremo navigare per scoprire tutte le varie sezioni e capirne il funzionamento corretto, oppure prima completare tutti i vari campi relativi al nostro profilo. Le principali funzioni dell'applicazione sono:

- video che possono essere caricati o creati direttamente nell'applicazione, aggiungendo timer e altri effetti;

- musica, che è la chiave di successo dell' applicazione. Infatti, si può aggiungere la musica e mixarla, ed il tutto tramite playlist inserite nella piattaforma;

- montaggio video, ovvero, durante la creazione del video, si potranno aggiungere particolari filtri, effetti, transizioni, adesivi, gif, emoji;

- interazione, cioè potremo seguire gli account che vogliamo e dare un sostegno con i like e i commenti, oppure potremo condividere i contenuti che più ci piacciono.

Nell'applicazione troveremo una pagina principale dove poter visualizzare tutti i video più alla moda che si alterneranno a rotazione.

Scorrendo alla destra andremo nella sezione del profilo personale. Vicino alla pagina principale troviamo anche la sezione "scopri" dove si potranno fare delle ricerche per hashtag, oppure ricerche in base alle tendenze o alle challenge del momento.

Nella sezione in arrivo, invece, troveremo tutte le notifiche che riguardano il nostro profilo, e tramite questa sezione potremo anche inviare messaggi diretti.

Un punto molto importante è il botton poiché questo ci permette di accedere alla fotocamera del nostro telefono, ed inoltre qui troveremo diverse funzioni come la registrazione, la velocità, i preset, i filtri, effetti divisi per categorie.

Tutte queste opzioni si possono usare sia in diretta che in qualsiasi altro momento.

Ancora, troveremo la funzione MV che ci permette di realizzare delle slide show usando le immagini che abbiamo salvato nel nostro telefono. Per quanto riguarda le slide show, esistono tre opzioni: visual, transition, split. Il nostro consiglio è quello di provare sempre prima ogni singolo effetto, e cercare di comprendere quale sia quello più adatto alle nostre realizzazioni.

Infine, importante è l'opzione che ci permette di scegliere la musica da inserire nei nostri video.

La fotocamera di Tiktok ci permette di essere molto creativi perché il video finale può essere diviso in più clic, ed ognuno di questi potrà avere tutte le opzioni che abbiamo elencato finora, e non necessariamente dovranno essere tutti uguali tra di loro.

Una funzione in questo senso che potremo usare è il timer, che permette di regolare l'autoscatto per iniziare il video. Qualora una clip non ci dovesse piacere potremo eliminarla oppure modificarla.

Una funzione carina è quella vocale, che può trasformare la nostra voce nel video musicale, usando dei toni simpatici e scherzosi.

Imparate tutte queste funzioni, saremo pronti per pubblicare il nostro video. In un secondo momento potremo decidere se aggiungere una descrizione al video che potrà anche essere seguita da hashtag di riferimento, in modo tale da poter essere ricercato e diventare virale.

È possibile salvare il video sul dispositivo per mettere i commenti, renderlo pubblico, renderlo visibile solo agli amici, oppure mantenerlo privato. Per impostazione predefinita tutti gli account sono pubblici, quindi, tutti, anche coloro che non sono iscritti, potranno vedere ciò che condividono gli utenti, ma solamente i follower approvati potranno inviare dei messaggi in forma privata.

Gli utenti possono apprezzare o reagire ad un video,seguire un account o inviarsi dei messaggi privati.

Un discorso a parte occorre farlo per le impostazioni della privacy. Infatti, c'è il rischio che dei perfetti estranei possano contattare i ragazzini sull'applicazione, i quali a loro volta potranno essere tentati di accettare semplicemente per ricevere dei like in più.

Tra le impostazioni dedicate alla privacy esiste la possibilità di attivare la modalità per filtrare tutti quei contenuti che riteniamo inopportuni; la modalità off/amici per inviare dei messaggi solo ed esclusivamente se ci si segue reciprocamente; impostazione di un account privato, cosicché tutti i video possano essere visualizzati solo dai propri amici.

Con un account privato sarà possibile approvare o rifiutare le richieste degli utenti e limitare i messaggi in arrivo. Nonostante, però, il nostro sia un account privato, comunque la nostra immagine di profilo, il nome utente e la biografia saranno visibili a tutti.

Per motivi di sicurezza su Tiktok non è possibile inviare fotografie e video tramite la funzione dei messaggi privati.

Una delle paure più grandi per tutti quelli che usano i social, e quindi anche per gli utenti di Tiktok, è la penalizzazione e il ban.

La penalizzazione è un blocco temporaneo che porta un calo della visibilità del nostro profilo e quindi anche di tutti i video caricati. Nonostante ciò, non saranno limitate le possibilità di continuare a pubblicare.

Il ban, invece, si comporta in modo molto più rigido, e a volte non permette nemmeno di tornare all'interno dell'applicazione.

La piattaforma potrebbe bannarci per svariati motivi come ad esempio:

- perdita dell'accesso al nostro account per un tempo breve o indefinito;

- divieto di creare altri account dal nostro indirizzo IP.

Tiktok non ci avvisa né della penalizzazione né del ban. Il solo modo che abbiamo per capirlo è quello di guardare le statistiche dei nostri video e fare un confronto tra le vecchie statistiche e le nuove, e, quindi, tirare le somme.

Infatti, noteremo che se all'improvviso i video, che in precedenza avevano avuto un buon numero di visualizzazioni, hanno ridotto notevolmente le visualizzazioni, probabilmente l' applicazione ha penalizzato qualcosa per svariati motivi.

CAPITOLO 4

Tiktok ADS

Quando si usa la piattaforma ADS si ha l'accesso a tutta una serie di funzioni, quali l'intrattenimento, le notizie, e le applicazioni per la scoperta di contenuti.

La piattaforma di Tiktok ADS è particolarmente esclusiva poiché dà l'opportunità di scegliere il formato creativo che meglio si adatta alle nostre esigenze, e quindi agli obiettivi della campagna.

Per aiutare gli utenti a creare degli annunci video, Tiktok mette a disposizione un kit che ci permette di creare video usando immagini e clip esistenti, senza dover ricorrere a editor professionali. È uno strumento di notevole utilità perché fornisce tantissimi modelli di immagini e video per personalizzare l'annuncio, ed inoltre possiede più di trecento modelli di musica di sottofondo gratuiti da poter applicare al nostro annuncio per renderlo piacevole. La creazione degli annunci pubblicitari può richiedere molto tempo, e per questo motivo possiamo usare uno strumento di distribuzione degli annunci chiamato Dynamic Creative, che crea, distribuisce e ottimizza i nostri annunci in modo del tutto automatico.

Tiktok si avvale del sistema di intelligenza artificiale, cioè analizzare il video e capire se riscuote successo tra gli utenti.

L'intelligenza artificiale propone dei video basandosi sugli interessi degli utenti oppure su altri fattori quali l'età, il genere, la localizzazione, il sistema operativo, la connessione, gli interessi, i comportamenti, i pixel.

Le campagne pubblicitarie su Tiktok possono dimostrarsi essere un ottimo canale per guadagnare poiché vengono proposte automaticamente. Infatti, esistono delle statistiche che hanno dimostrato quanto la pubblicità su Tiktok abbia cambiato l'atteggiamento degli utenti verso i marchi. Se dovessimo confrontare gli utenti di Tiktok con quelli di internet in generale, possiamo notare che i tiktoker hanno molte probabilità in più di acquistare quel determinato prodotto sponsorizzato rispetto agli altri utenti.

Le grandi aziende possono sfruttare questa piattaforma per arrivare in particolar modo ai giovani che seguono questa applicazione, e per contenuti che riguardano la danza, la moda, l'estetica e la musica.

Le campagne pubblicitarie su Tiktok possono essere personalizzate, ed in questo senso possiamo suddividerle in:

- campagne pubblicitarie a schermo intero con un'immagine fissa o animata, oppure un video in apertura dell'app;

- campagna feed con contenuti pubblicitari, che iniziano da soli quando l'utente scorre il proprio feed;

- hashtag challenge, quando si invitano gli utenti a condividere i propri contenuti attraverso gli hashtag.

Per quanto riguarda il budget è possibile impostare due tipi di limiti, giornaliero o illimitato. Il budget potrà essere modificato in qualsiasi momento e sarà possibile impostarlo a livello di campagna o di singoli annunci. Non esiste un minimo da spendere su Tiktok, anche se, ovviamente, si cerca di incoraggiare i marketer ad impegnarsi in un investimento proficuo.

Anche qui si dovrà selezionare un obiettivo tra:

- traffico;

- installazione app;

- conversione.

Il passo successivo è quello di scegliere un giusto posizionamento.

Attraverso la dashboard di Tiktok ADS, potremo selezionare tutte le piattaforme sulle quali pubblicare i nostri annunci, ed inoltre, anche qui, potremo usare l'algoritmo che deciderà automaticamente il giusto posizionamento, ovvero quello che avrà il rendimento migliore.

Nella sezione targeting, invece, potremo capire il pubblico di destinazione per i nostri annunci; quindi impostiamo sempre i parametri in base alla posizione, all'età, sesso, lingua, interessi e dispositivo usato.

In tal modo avremo sempre il giusto pubblico di riferimento.

Se l'obiettivo della nostra campagna sarà quello di visitare una determinata pagina, e avremo bisogno di monitorare la conversione dei nostri annunci su Tiktok ADS, allora, dovremo inserire un Tiktok pixel. I pixel permettono di far visualizzare gli annunci solo agli utenti giusti e di ottimizzare le offerte in base agli obiettivi di conversione.

È molto importante capire come vengono strutturati gli annunci su Tiktok ADS. In particolar modo questi vengono organizzati su tre livelli:

- la campagna, cioè creare partendo dagli obiettivi e scegliere tra app download o landing page, basando il nostro obiettivo su questo. Il budget di campagna può essere impostato come giornaliero, permanente o senza limite;

- il gruppo di annunci, cioè definire dove e quando appariranno i nostri annunci. Possiamo impostarli su posizionamenti, segmenti di pubblico, destinatari, budget di campagna, pianificazione, obiettivi di ottimizzazione e offerte relative ad ogni gruppo di annunci. La classificazione di questi elementi ci permette di impostare il budget dei diversi gruppi e la valutazione del rendimento di ogni pubblico;

- l'annuncio, cioè il contenuto finale che verrà pubblicato e potrà essere sotto forma di immagini o video. Inoltre, gli annunci si trovano all'interno di un gruppo, per cui si potrà confrontare ed ottimizzare la consegna in base alle differenze creative e al target scelto.

Così come accade per il facebook business manager,anche qui, nella sezione dettagli dell'annuncio, sarà possibile compilare tutte le informazioni relative all'annuncio stesso, ovvero:

- link URL;

- App id;

- nome dell'applicazione;

- immagine di profilo;

- categoria;

- parole chiave;

- commenti degli utenti.

Le campagne pubblicitarie Tiktok possono essere targetizzate per parola chiave, quindi abbiamo la possibilità di selezionare parole specifiche oppure insiemi di parole ricercate online dagli utenti di Tiktok. Possono essere targetizzate per interessi dell'utente, quindi abbiamo la possibilità di selezionare specifiche categorie di interessi in base al target di riferimento della campagna.

È possibile, inoltre, suddividere le campagne in varie tipologie:

- campagne Tiktok ADS in feed, ovvero campagne pubblicitarie formate da annunci che vengono lanciati all'interno del feed di Tiktok e si dividono, a loro volta, in due tipi: campaign hearter, cioè una campagna basata principalmente sull'interazione con una landing page, e poi la fanbase booster, cioè una campagna che stimola le interazioni con il post e con il profilo. Entrambe le campagne hanno l'obiettivo di aumentare le interazioni con il profilo e con la fanbase;

- campagne Tiktok ADS splash Page, ovvero campagne composte da annunci pubblicitari, immagini o video da tre a sessanta secondi che al click portano l'utente verso una landing page esterna sul nostro sito web.

Scegliere Tiktok come piattaforma per le nostre campagne pubblicitarie sicuramente risulta essere molto conveniente, essendo una piattaforma in forte crescita. Di conseguenza, si potranno effettuare grandi campagne a costi molto contenuti, ed inoltre sarà possibile generare molte interazioni con le campagne a pagamento poiché gli utenti interagiscono con i video nella piattaforma, garantendo una vasta copertura.

Le possibilità che ci offre Tiktok per fare ADS sono tantissime, e il pubblico di riferimento può essere molto interessante per tante aziende di tutti i tipi di settori e dimensioni.

Inoltre si tratta di un social network che ha un bacino di utenti molto fluido e ,oggi, non si rivolge più solo ad un pubblico giovanile, ma l'età media inizia ad alzarsi, quindi sarà più facile per tutti creare ADS di successo su Tiktok.

Per ottenere più risultati, Tiktok ci offre anche la possibilità di impostare obiettivi di ottimizzazione per ogni nostra campagna pubblicitaria. In particolar modo si possono impostare tre tipi di obiettivi di ottimizzazione:

- impressioni, cioè verranno mostrati gli annunci alle persone giuste con lo scopo di ottenere il maggior numero possibile di impressioni, e ,quindi, il nostro annuncio verrà fatturato come costo per mille;

- clic, cioè cercare di ottenere il maggior numero possibile di clic sul nostro annuncio, e lo stesso verrà fatturato come costo per clic;

- conversioni, che si muovono nella stessa maniera del costo per clic.

Dopo aver spiegato come si crea e nasce un annuncio pubblicitario su Tiktok, è doveroso spendere alcune parole riguardo le strategie di marketing, ed ,in particolare, quelle più interessanti, convenienti e intelligenti per iniziare la nostra campagna.

Prima di tutto parliamo di operare attraverso il proprio canale, cosicché saremo gli unici responsabili della crescita della campagna stessa e dei follower su Tiktok. Saremo i soli a dover prenderci cura dei nostri contenuti, video o immagini, che ovviamente dovranno essere il più creativi possibili per attrarre il maggior numero di utenti. Non tutti i video verranno visualizzati nella pagina per te, ma sulla base degli hashtag usati, delle parole chiave, dei post che l'utente ha apprezzato o meno, verranno visualizzati i video corrispondenti. Se riuscissimo a creare video molto creativi e avremo un'ottima conoscenza del mondo di internet, allora, riusciremo a realizzare dei video che corrispondano a tutti questi requisiti e che potranno diventare virali.

Un'altra valida strategia è quella dell'influencer marketing, ovvero commercializzare il nostro prodotto o servizio sui social attraverso un influencer. Questi sono molto seguiti, quindi, potremmo pensare di iniziare una collaborazione con loro a pagamento. Ovviamente, prima, dovremmo accertarci che abbiano i giusti follower che stiamo cercando per sponsorizzare il nostro prodotto o servizio, e poi, per quanto riguarda la creazione dei contenuti, possiamo lasciar fare direttamente a loro oppure intervenire a riguardo. Il nostro compito principale sarà quello di mettere a proprio agio l'influencer scelto. Sicuramente risulta essere una strategia vincente soprattutto in un social come Tiktok dove il pubblico di riferimento è molto giovanile, e quindi troveremo sempre influencer della stessa portata che sappia parlare lo stesso linguaggio degli utenti di destinazione.

Infine un'altra strategia sono le sfide hashtag, che rimangono essere una delle attività più divertenti su tale piattaforma, ma di queste ci addentreremo nello specifico nei capitoli più avanti.

Con tutte queste strategie di marketing su Tiktok riusciremo a creare e diffondere il nostro prodotto o servizio,ma non è detto che questo possa bastare a generare entrate. Questo,infatti, dipenderà principalmente dal contenuto della campagna.

La chiave del successo rimane sempre quella di coinvolgere la comunità e farla divertire.

Tiktok sta crescendo ed il suo pubblico inizierà a diversificarsi poco alla volta, quindi sarebbe una buona idea iniziare ad usarlo per aziende di diversi settori, adattando la migliore strategia di marketing.

Cerchiamo anche di comprendere come monetizzare a partire da questo social. Abbiamo detto che per il momento si tratta di un social dedicato per lo più ai giovani, quindi il settore fashion e moda sono quelli che riscontrano più successo. E', pertanto, un ottimo trampolino di lancio per iniziare le proprie collaborazioni. Per farlo, basterà far capire al brand che il nostro profilo è in linea con il suo prodotto. Intorno a questa piattaforma è nato un notevole interesse: non si tratta più di una semplice piattaforma di video musicali. Quindi, portare un brand su Tiktok ed avere successo sarà davvero possibile.

CAPITOLO 5

Linee guida sulla pubblicità

Le linee guida sulla pubblicità cercano di garantire il successo e il raggiungimento di tutti gli obiettivi prefissati.

Gli inserzionisti devono rispettare i termini di servizio e le norme della community di Tiktok.

Il team di revisione degli annunci usa questi parametri per valutare ogni campagna pubblicitaria, presentata alla revisione stessa.

Tiktok può anche rifiutare la pubblicazione o la rimozione di qualsiasi campagna pubblicitaria se questa viola i termini di servizio.

Inoltre la piattaforma può addirittura riservarsi il diritto di rimuovere l'account aziendale in caso di violazione.

Gli inserzionisti sono tenuti a garantire che le loro pubblicità siano conformi a tutte le leggi esistenti, che rispettino i requisiti richiesti, le norme e i regolamenti previsti.

Tutte le pubblicità dovranno avere un'informativa obbligatoria e dovranno essere divulgate in modo chiaro e visibile.

Le pubblicità senza informativa obbligatoria verranno sospese.

Eventuali promozioni, concorsi a premio, eventi eseguiti sulla piattaforma; dovranno rispettare tutti i requisiti di legge. Tutti gli elementi degli annunci dovranno essere di pertinenza dell'annuncio stesso o ,comunque, rispettare il prodotto o servizio che si offre.

Tiktok potrebbe fornirci un tariffario per informazioni più dettagliate sugli annunci, tipo limitazioni all'uso di collegamenti esterni, limitazioni all'uso del testo in determinati annunci, requisiti specifici per la divulgazione, limitazioni alla lunghezza del video.

Può essere rimosso o approvato qualsiasi annuncio per qualsiasi motivo, inclusi tutti quegli annunci che influenzano in modo negativo il rapporto con il nostro pubblico o che promuovano contenuti, attività o servizi.

Le linee guida possono comunque essere modificate in qualsiasi momento.

In particolare esistono alcuni aspetti che andrebbero evitati totalmente per un corretto annuncio e cioè:

- i contenuti proibiti, cioè tutti quei prodotti o servizi che non possono essere pubblicizzati per nessun motivo su Tiktok, come ad esempio le droghe, l'alcool, le sigarette, i contenuti a sfondo sessuale, gli annunci che raffigurano immagini di nudo, i prodotti o servizi illegali, i contenuti scioccanti, gli annunci che incoraggiano l'odio e la violenza, gli annunci discriminatori, gli annunci che riguardano le armi o articoli contraffatti, gli annunci politici, gli annunci di spyware o malware, gli annunci destinati a prodotti e servizi per bambini;

- i contenuti limitanti, ovvero quei contenuti che Tiktok può usare a propria discrezione, se ovviamente rispettano tutte le leggi e le norme previste. In particolar modo parliamo di annunci finanziari, annunci che riguardano alimenti e bevande, annunci che riguardano i prodotti farmaceutici, sanitari e medici, annunci che promuovono un servizio di incontri per adulti, annunci che promuovono intrattenimento.

Parliamo ora di tutte quelle pratiche che andrebbero vietate, ovvero gli annunci non dovrebbero promettere dei risultati che in realtà non possono essere provati e raggiunti, non devono contenere degli elementi che potrebbero portare l'utente a compiere degli errori, non devono includere l'uso della filigrana di Tiktok, ma devono contenere audio e contenuti di qualità perché altrimenti non vengono approvati, devono spiegare correttamente il prodotto o servizio che pubblicizzano. Inoltre, se si ha la possibilità di raccogliere dei dati sugli utenti, questi dovranno comparire solo sui collegamenti che non rimandano direttamente all'applicazione.

Se riusciamo a rispettare tutto ciò che abbiamo appena detto, allora, la nostra sarà sicuramente una campagna di successo che non cadrà in nessuna violazione.

CAPITOLO 6

L'analitica di Tiktok

Per poter approfondire gli effetti che le nostre attività di marketing hanno su Tiktok, dobbiamo passare dall'account normale a quello professionale perché in questo modo potremo accedere alla dashboard di analisi di Tiktok, che ci fornisce informazioni e dettagli riguardo il nostro pubblico e sulle prestazioni dei contenuti pubblicati.

Prima di addentrarci nel discorso, spieghiamo come accedere ad un account pro.

Quando entriamo in Tiktok clicchiamo sull'icona "me" in basso a destra, poi su "gestione account" ed infine su "passa all'account pro".

L'analitica Tiktok comincerà a registrare i dati una volta passati all'account pro. Inizialmente la dashboard non ci mostrerà la cronologia, per questo dovremo attendere una settimana affinché il nostro account ci dia dei dati sufficienti per visualizzare gli approfondimenti.

In questo periodo pubblicherà tantissimi video in modo da recuperare più dati possibili, così da poter avere informazioni dettagliate sul nostro account.

Nella sezione analitica ci sono tre categorie:

- panoramica del profilo. E'utile per comprendere il rendimento del profilo, tutte le visualizzazioni, il numero totale di follower. Grazie a tutte queste informazioni si potrà elaborare un piano adeguato per far crescere sempre di più il profilo;

- informazioni sul contenuto, cioè informazioni più dettagliate riguardo le visualizzazioni totali di ogni post, informazioni per comprendere se un determinato post viene visto maggiormente rispetto ad un altro, informazioni per esaminare il pubblico;

- approfondimenti sui follower. Offre una panoramica generale sui dati demografici del pubblico.

Quindi l'analitica di Tiktok è molto utile per avere tutti i dati del nostro profilo, ma non rilascia informazioni riguardo i profili di terze persone. Nel caso in cui volessimo avere informazioni su questi ultimi, ci dovremo affidare a dei tool esterni, ed in particolar modo a Pentos, Ninjalitics e Tikanalytics. Tutti e tre usano i dati del profilo che sono pubblici e disponibili per effettuare approfondimenti sugli account Tiktok.

Quando andiamo ad analizzare determinati profili ci rendiamo subito conto che esistono alcuni che hanno tantissimi follower e like, ed altri, magari anche con contenuti più interessanti, che invece ne hanno molti meno.

Sorge spontanea, quindi, la domanda se acquistare o meno follower e like per far crescere in fretta il nostro profilo.

Valutiamo i vantaggi e gli svantaggi di questa operazione.

Tra i vantaggi sicuramente c'è quello più importante, ossia di rendere il profilo più persuasivo ed accattivante. Infatti, in un profilo con pochi follower non perderemo troppo tempo a visualizzare i contenuti perché si pensa che non siano importanti. Con più follower, invece, accadrà esattamente il contrario.

Soprattutto all'inizio, questo ci aiuterà a crescere molto velocemente e ad attirare il maggior numero di follower in modo organico.

Alla fine è la prima impressione quella che conta, quindi avere un numero elevato di follower è fonte di attrazione ed ammirazione.

Maggiore sarà il numero di follower e maggiore potrà essere il numero di utenti che riusciremo ad attirare.

Tra gli svantaggi, invece, troveremo una bassissima capacità di interazione nel nostro profilo, e questo perché molto presto i follower che avremo comprato non vedranno più i nostri contenuti, non metteranno i like, non commenteranno e non condivideranno. Se compriamo follower e questi non interagiscono in modo efficiente e quotidianamente, avremo solo speso soldi inutilmente.

Inoltre, per evitare che Tiktok intervenga e ci faccia svanire tutti i follower acquistati, sarebbe bene usare questa operazione su siti consigliati, e quindi, comprare follower di qualità senza dover usare account spam. Quindi non dobbiamo comprare mai da siti poco conosciuti e con prezzi molto bassi, perché rischieremo soltanto di rovinarci la reputazione e perdere nell'immediato i follower acquistati, e, di conseguenza, tutti i soldi spesi.

CAPITOLO 7

Strategia di refferal

La strategia di refferal si basa sul concetto di attrarre nuovi utenti ad iscriversi, a partire dal giro di amici e conoscenti già presenti sulla piattaforma.

Tale strategia si basa sulla gamification: una persona entra a far parte della piattaforma su invito di un'altra persona già iscritta e si fa in modo che, a quest'ultima, venga riconosciuto un incentivo in base alle vendite generate.

Le monete di scambio di questo programma sono le gemme, nella fattispecie rubini e diamanti.

Per ogni amico, a cui verrà fatta scaricare l'applicazione tramite il nostro link o codice personalizzato, saranno regalati 5 diamanti che potranno essere convertiti in soldi, collegando il nostro account PayPal.

Inoltre, chi si iscrive tramite questa strategia riceve già all'inizio 0,5 diamanti.

Quindi, la base è proprio far iscrivere qualcuno e regalare soldi in modo molto semplice e diretto.

Una volta dentro l'applicazione, si potranno ricevere rubini completando delle sfide, come ad esempio caricare dei video o guardare video di altri utenti. Infatti, troveremo delle cosiddette missioni da portare a termine, tutte rivolte al solo scopo di fidelizzare gli utenti.

Poi, per ogni giorno in cui effettueremo l'accesso nell'area sfida, riceveremo un numero sempre crescente di rubini.

Questi sono incentivi da non sottovalutare e molto importanti, proprio per dare la possibilità agli utenti di non annoiarsi e di non abbandonare la piattaforma dopo le prime volte.

Esistono due tipi di persone in questa strategia:

- i refferal, ovvero coloro che provano il servizio e lo consigliano ad altri;

- i referrer, ovvero coloro che ricevono l'invito e avranno diritto all'incentivo o ad un premio.

I soldi si riscuotano in modo molto semplice: dopo aver cliccato su ritira sotto al numero di diamanti collezionati, si verrà dirottati nella schermata del pagamento. Basterà scegliere la cifra da ritirare ed effettuare il trasferimento sul proprio account PayPal. Dopo pochissimi secondi si vedranno i soldi addebitati sul proprio conto diminuiti del 4%, cioè la commissione che prende PayPal per effettuare tali transazioni.

Alla luce di quanto spiegato, possiamo ben capire che questa piattaforma voglia diventare sempre di più il social più importanti tra tutti quelli esistenti e non cadere nel dimenticatoio, come successo ad altre applicazioni.

CAPITOLO 8

Hashtag challenge

Le sfide sono una componente essenziale ed alla base della comunità di Tiktok. I suoi utenti, infatti, amano raccogliere una sfida, realizzare e caricare video di conseguenza. A tali sfide, solitamente, viene dato un nome preceduto da #, ovvero un hashtag; così da renderle riconoscibili e facili da trovare.

Si tratta del miglior strumento di marketing che i brand usano per conquistare tutti gli utenti, in particolar modo quelli assidui frequentatori della piattaforma di Tiktok.

Le challenge sono a tutti gli effetti delle sfide virali, lanciate agli utenti da influencer o brand.

Se strutturate in modo corretto, riescono ad incrementare la brand awareness e costruire una community fedele al marchio. Tutti gli utenti, ai quali vengono rivolte tali sfide, non possono fare a meno di accettarle e renderle virali attraverso gli hashtag di riferimento. Infatti, proprio in questo modo, le più importanti Tiktok challenge hanno creato migliaia di visualizzazioni e milioni di dollari di guadagni.

Per attirare i nostri utenti ci basterà ideare una challenge che dovrà essere semplice da replicare, divertente ed accessibile a tutti, trovare un giusto hashtag che, appunto, aiuterà a creare e condividere, e permetterà di formare una community in linea con il brand.

Qualora volessimo essere sicuri di avere successo, potremo sponsorizzare la challenge in modo da aumentare la visibilità del brand ed interagire con gli influencer per rendere la nostra sfida a tutti gli effetti virale, e fare in modo di conquistare più pubblico possibile.

Intorno a queste sfide si raccolgono milioni di interazioni perché prima o poi tutti si mettono alla prova con la propria creatività e la propria fantasia.

Un esempio ben riuscito di una challenge diventata virale in pochissimo tempo è stata quella di #theclimate. Qui gli utenti sono stati chiamati a mostrare in una clip il loro contributo per salvaguardare l'ambiente, offrire un aiuto virale al pianeta. Questa challenge ha raccolto più di quattrocento milioni di visualizzazioni.

Sicuramente, con una challenge ben studiata, saremo in grado di aumentare i follower, poiché i diretti interessati inizieranno a seguire il nostro account per non perdersi eventuali e futuri contenuti interessanti, e poi riusciremo a migliorare l'engagement dei nostri post, poiché alla fine quello che noi faremo non sarà nient'altro che un qualcosa per puro divertimento e coinvolgimento degli utenti.

CAPITOLO 9

Giveaway e Contest Tiktok

Per lanciare un contest in modo legale su Tiktok, sarà necessario seguire gli step iniziali per il lancio di un concorso a premi e cioè:

- redazione di un regolamento ufficiale del concorso ed identificazione dei premi;

- versamento di una cauzione a garanzia dei premi promessi;

- invio della comunicazione al ministero dello sviluppo economico attraverso la compilazione online di un modulo detto PREMA CO/1, ed allegando copia del regolamento e la garanzia firmati digitalmente.

Una volta che avremo effettuato questi passaggi sarà possibile pubblicare la landing del concorso, dove i partecipanti dovranno effettuare embed del link del video pubblicato su Tiktok.

Dunque è possibile organizzare contest e giveaway direttamente su Tiktok senza avvalersi di una piattaforma esterna, ma solo in particolari casi e cioè:

- concorsi creati per la produzione di opere letterarie, artistiche o scientifiche, e per la presentazione di progetti o studi commerciali ed industriali;

- manifestazioni, dove i premi sono oggetti di valore minimo;

- manifestazioni, dove i premi sono destinati ad enti di beneficenza o enti senza scopo di lucro.

Gli obiettivi, che si possono raggiungere attraverso, sono tanti, come ad esempio fidelizzare nuovi utenti, acquisire il contatto della community, aumentare la portata dei post sul social, aumentare il numero di follower, apparire meno distanti ai bisogni e necessità degli utenti, veicolare valori aziendali.

Il giveaway associato al social, ed in questo caso Tiktok, porta il brand a creare uno o diversi post in cui venga chiesto agli utenti di effettuare delle azioni, e chi le porta a termine potrà, appunto, partecipare all'estrazione per ricevere dei premi.

Sia i giveaway che i contest hanno il vantaggio di offrire ampia visibilità ai prodotti, che si offrono o pubblicizzano a fronte di un investimento davvero irrisorio, e in tempi brevi.

CAPITOLO 10

Algoritmo

L'algoritmo di Tiktok è lo strumento con il quale la piattaforma gestisce tutti i contenuti al suo interno, e decide quali mostrarli e a chi farlo.

Come abbiamo detto, l'obiettivo primario di questa applicazione è quello di tenere gli utenti incollati allo schermo, ed essere la prima al mondo per interazioni e tempo medio di permanenza degli utenti.

Per fare ciò, l'algoritmo di Tiktok deve mostrare agli utenti giusti i contenuti giusti, cosicché da farli rimanere dentro l'applicazione il maggior tempo possibile.

La prima volta che l'utente accede a tale social, viene chiesto dal sistema di selezionare delle categorie di interesse. A questo punto l'algoritmo mostra agli utenti otto video iniziali e, successivamente, altri otto, in base a come l'utente si comporta con i primi. Per capire se un video piaccia o meno, l'algoritmo usa una serie di criteri, tra cui le interazioni, i click sugli hashtag, la durata della visualizzazione, l'uso di determinati filtri.

Quindi, in base a queste informazioni, l'algoritmo mostra dei video simili a quelli che sono piaciuti agli utenti e, per capire se questi ultimi piacciono davvero, vengono usati ulteriori parametri, come il contenuto scritto dei post, gli hashtag, i suoni e le canzoni.

Ovviamente essendo i vari categorizzati all'interno di vari cluster si procederà nella stessa maniera con i vari utenti.

Tiktok ha anche un sistema per comprendere se all'utente non piaccia un video e per evitare la noia, e cioè non mostra mai due video di seguito con le stesse canzoni o creati dalle stesse persone, oppure mostra dei video totalmente diversi dai gusti dell'utente proprio per stimolare la sua conoscenza.

Inoltre si potrebbe verificare il fenomeno del filter bubble, ovvero un sistema di raccomandazione che mostra continuamente video omogenei, per temi e contenuti, ed aderenti alle preferenze dell'utente.

L'algoritmo di Tiktok si differenzia da quello degli altri social per alcune caratteristiche:

- minore considerazione del numero di follower;

- attenzione alla varietà.

Inoltre è possibile aiutare l'algoritmo ad essere totalmente in linea con i nostri interessi attraverso la sola interazione con i video che ci piacciono, aggiungere ai preferiti i video interessanti ed usare la funzione non interessato per gli altri, usare la funzione nascondi, segnalare i video che non rispettano i termini di servizio dell'applicazione.

Si può definire il funzionamento dell'algoritmo ad ondate, cioè non appena viene pubblicato un video, questo viene mostrato ad un numero ristretto di persone. Se alla fine della prima ondata il video viene valutato in modo positivo, questo subirà una seconda ondata di visualizzazioni e così via, fin quando non si blocca.

A differenza degli altri social, questo non dà importanza ai contenuti postati dagli account con una follower base molto più ampia. Quindi i loro video otterranno più visualizzazioni perché verranno esposti ad un pubblico molto più ampio.

Quindi, gli aspetti più importanti da tenere in considerazione per massimizzare i propri contenuti pubblicati su Tiktok sono:

- ogni video è da considerarsi da solo;

- essere sullo stesso binario con gli interessi di tendenza;

- fare in modo che i video vengano guardati fino alla fine.

In realtà, per essere più precisi, dobbiamo dire che nessuno sa veramente ed esattamente come funziona l'algoritmo di Tiktok, ma interagire in modo diretto con l'applicazione aiuta a gestire al meglio la pagina per te, e, quindi, a proporre video sempre più interessanti.

L'algoritmo di Tiktok attualmente garantisce una visibilità organica superiore al 100%. Questo sta a significare che ogni post, se viene realizzato nel modo corretto, verrà visto da un pubblico più ampio rispetto alla ristretta cerchia di follower del profilo stesso.

La componente fondamentale di Tiktok è il tempo perché in pochi secondi dobbiamo riuscire a catturare l'attenzione e aiutare il cliente a compiere determinate azioni.

È davvero molto importante comprendere prima l'algoritmo per capire l'uso di Tiktok.

L'algoritmo impiega 24 ore per analizzare i nostri dati, la nostra audience e le nostre interazioni. Quindi, non ci resta che insegnare all'algoritmo ciò che vogliamo mostrare, in modo tale che lui stesso provvederà a farlo vedere al nostro pubblico d'interesse.

CAPITOLO 11

Strategie importanti per un profilo accattivante

Per usare al meglio il nostro Tiktok, dobbiamo adottare o, quantomeno, tenere in considerazione alcuni suggerimenti e strategie importanti, che nel corso del tempo e dell'uso di tale piattaforma si sono mostrate vincenti.

Prima di tutto scegliamo un nome per l'account unico nel suo genere, coinvolgente, facile da ricordare e da ricercare, poco usato e che faccia capire nell'immediato di ciò che ci occupiamo.

Se il nostro obiettivo sarà quello di attirare il pubblico il più possibile, allora dovremo trovare qualcosa che ci distingua da tutti gli altri e andare avanti per questa linea, cercando di suscitare curiosità ed interesse verso coloro che ci vorranno seguire.

Sicuramente, come abbiamo visto nei capitoli precedenti, le sfide sono il modo migliore per attirare nuovi utenti,ma è importante anche interagire con i video di tutti gli altri utenti, commentare, dialogare, condividere, apprezzare, seguire o addirittura condividere contenuti con gli altri utenti e taggarli nei commenti o nella descrizione del video.

Un altro consiglio da seguire è quello di collegare il nostro account Tiktok a quello degli altri social, così potremo condividere più velocemente i nostri video anche sulle altre piattaforme. Cerchiamo di pubblicare su tutti i social massimo due o tre volte al giorno, infatti, non è importante spremersi e, quindi, perdere tantissimo tempo per pubblicare dei contenuti di altissimo livello, ma basterà semplicemente raccontare ciò che si sta facendo in quel determinato momento, oppure aggiungere una canzone o un effetto speciale.

Cerchiamo di tenere sempre separati l'account privato da quello business.

Usiamo i duetti e le reaction poiché sono facili da usare, richiedono poco tempo, ma riescono a mostrare il contenuto giusto.

I duetti sono video che un utente registra come risposta ai video degli altri utenti. Di solito si tratta di video reaction al contenuto del video con cui si duetta, commenti o risposte, oppure gesti speculari ai gesti che l'altro utente compie nei propri video. I duetti ci danno la possibilità di poterci esprimere liberamente, quindi, possiamo definirli come uno strumento molto utile per poter condividere opinioni e momenti con quegli utenti che sono interessati ai nostri stessi argomenti. Con la funzione duetto abbiamo la possibilità di aggiungere filtri particolari, usare il timer, cambiare fotocamera, aumentare o diminuire la velocità, e possiamo aggiungere la reaction in modo scherzoso oppure contrapposto.

Altra funzione di successo è quella dei Tiktok live. Questa funzione ci permette di creare un rapporto diretto con gli utenti, contribuendo ad una sana interazione. Per usare questa funzione dobbiamo avere almeno 1000 followers, altrimenti non riusciremo nemmeno a visualizzare il tasto dei video in diretta.

Durante la diretta si collegheranno i follower, gli utenti e i non, e con loro, sempre tutto in diretta, sarà possibile chattare e scambiarsi opinioni. Alla fine della diretta, Tiktok ci mostrerà una tabella con i punti regalo, i nuovi follower, gli spettatori, ed il numero dei contributori. Più saremo in grado di interagire con loro e più avremo la possibilità di ricevere dei premi che potremo convertire in denaro in un secondo momento.

Infine cerchiamo di tenere in mente che a volte potrebbero presentarsi anche dei problemi abbastanza comuni durante l'uso della piattaforma. Come si suol dire non è sempre tutto rose e fiori.

Ad esempio, potremo riscontrare che l'applicazione è lenta, che i video non si vedano o che non vada la funzione dei like.

Quello che possiamo dire in merito è che sono tutti problemi facilmente risolvibili: nella maggior parte dei casi, basterà semplicemente ricaricare o riavviare l'applicazione.

CAPITOLO 12

Creazione di un video

La creazione del video è la parte più creativa e divertente di questo social.

Esistono tantissimi filtri ed effetti speciali che si possono usare durante il video, e anche dopo la produzione.

Ovviamente è consigliabile prima fare tutte le prove del caso, ed eventualmente, se non dovessimo essere convinti, potremo salvare il video nelle bozze per poi pubblicarlo in un secondo momento.

Facciamo una breve classifica degli effetti maggiormente usati, che poi sono gli stessi che ricevono più like ed approvazione.

Tra questi abbiamo:

- Transition, ovvero un effetto visivo che ci porta da una situazione ad un'altra o da un luogo ad un altro. In particolare, queste possono essere spin transitino, che consistono nella rotazione di una o più volte dello schermo del telefono durante la registrazione del video. Poi ci sono le screen transitino, che usano un seconda applicazione con la quale cambiare sfondo o altri effetti all'interno del video stesso. Le transizioni possono essere fatte sia su video che sulle foto. Magia, ovvero tutti quei video che presentano apparizioni, giochi di prestigio;

- Clonazione ed effetto fantasma, ovvero cercare di proporre dei momenti di svago o di vita reale, che, attraverso questo effetto, saranno molto veritieri ed apprezzati dagli utenti;

- Tempo invertito e slow motion, ovvero il primo non è altro che un tempo usato per riprodurre al contrario i video, mentre il secondo viene usato per rallentare una parte del video;

- Lyp-Sync, ovvero un effetto usato per cantare in playback, per imitare con gesti e balletti seguendo le parole della canzone riprodotta;

- Maschere, ovvero l'insieme dei filtri che possono essere usati per il volto, e che, attraverso le challenge o gli influencer, possono diventare molto virali;

- Effetti grafici, ovvero una delle funzioni più usate in assoluto perché comprendono le scritte con le quali si tende a personalizzare il video, gli emoji con i quali si tende a rendere il video molto più leggero e divertente.

Esistono poi anche degli effetti molto più articolati rispetto a questi appena citati che, invece, sono un po' la base del funzionamento della piattaforma, e comunque alla portata di tutti.

Questi sono:

- Finger dance, cioè una vera e propria danza che si fa con le dita, e quindi, in qualsiasi posizione noi ci troviamo, potremo usare le sole mani per ballare a ritmo di musica. La colonna sonora che andremo scegliere dovrà essere molto ritmata, e potremo anche abbinare al movimento delle mani il movimento di testa, spalle e braccia. L'obiettivo sarà quello di non perdere mai il ritmo della musica;

- Chroma, cioè un effetto usato per sovrapporre in uno stesso video due contenuti differenti;

- Cambio abito, cioè video che prevedono dei velocissimi cambi di abbigliamento, a volte anche istantanei. L'obiettivo è quello di far capire che il tempo non è passato, ma noi siamo stati in grado di cambiarci senza farlo scorrere.

- Freeze transitino, cioè freezare un oggetto in movimento;

- Sky transitino, cioè modificare lo sfondo dei nostri video, e quindi, come dice la parola stessa, usare una parte di cielo o il cielo per intero come sfondo ai nostri contenuti;

- Mirror transitino, cioè un effetto che ci permetterà di interagire con la nostra figura riflessa in uno specchio;

- Clone transitino, cioè un effetto usato per sdoppiarsi, triplicarci o interpretare diversi ruoli contemporaneamente all'interno dei nostri video;

- Upside and Down, cioè effetti usati per fare i video sottosopra;

- Hologram transitino, cioè un effetto che può trasformarci in un ologramma in un tempo molto breve.

Oltre tutti questi effetti e filtri che possiamo usare per i nostri contenuti, è possibile anche affidarsi a delle applicazioni esterne per fare video e modificarli all'istante. Questo perché i nostri contenuti dovrebbero sempre essere interessanti e trasmettere informazioni utili, oltre che essere brevi e divertenti. Infatti, solo in questo modo potremo attirare tanti followers.

Come per tutte le altre piattaforme di social network, anche Tiktok vieta però alcuni contenuti per garantire la sicurezza degli utenti e preservare la reputazione dell'applicazione. Quindi, è importante sapere bene quali siano questi contenuti proibiti per non incorrere in qualche guaio.

CAPITOLO 13

Tiktok marketplace

Il Tiktok marketplace è la soluzione che fa incontrare i brand ai creator per le campagne sui social, rendendo quindi gli influencer raggiungibili ed accessibili.

La prima cosa da fare per avere accesso a questo strumento è entrare nella pagina di creator marketplace, e quindi registrarci o, se siamo in possesso già di un account, iniziare una nuova sessione.

Una volta entrati, potremo iniziare a filtrare gli influencer con i quali vogliamo lavorare. Questa selezione verrà fatta in base ai nostri obiettivi e strategie della nostra campagna. Avremo la possibilità di cercare e flirtare gli influencers in base al paese, agli argomenti trattati, alla loro portata e ai dati demografici dei nostri follower.

Inoltre, quando clicchiamo su uno degli influencer, la piattaforma ci fornisce i dati sulle persone.

Il creator marketplace è uno strumento molto importante perché possiamo essere sicuri che i dati di ogni influencer siano sicuri, autentici, aggiornati e accurati, e permette di cercare e flirtare, in base a varie analisi, dati demografici ed informazioni da Tiktok.

Al momento tale strumento è limitato solo a diciotto paesi come gli Stati Uniti, India, Regno Unito, Canada, Germania, Francia, Giappone, Taiwan, Vietnam, Corea del Sud, Thailandia, Malesia, Filippine, Singapore, Indonesia, Italia, Russia e Australia. Questa selezione di paesi si applica sia al paese o regione dell'influencer che al paese o alla regione del pubblico a cui siamo interessati.

Tra le varie opzioni troviamo anche gli argomenti che possiamo filtrare, ed è possibile selezionare il content creator in modi diversi, e cioè:

-   da 10.000 a 100.000 follower;

-   da 100k a 1 milione;

-   da 1 a 10 milioni.

Questa selezione è importante quando scegliamo l'influencer con il quale vogliamo interagire per lanciare la nostra campagna tramite Tiktok.

Oltre a questi dati, vedremo anche quello relativo all'età. Filtrare secondo tre intervalli:

-   da 18 a 24 anni;

-   da 25 a 34 anni;

-   più di 35 anni.

L'ultima opzione è quella relativa all'e-commerce. Qui potremo filtrare in base ai creator che hanno abilitato questa funzione. Nei loro contenuti avranno un link che porterà direttamente il pubblico al prodotto del brand che seguiamo.

Dopo aver fatto una ricerca per filtri, il creator marketplace offre una serie di dati importanti sui diversi profili selezionati.

Tra quelli più interessanti abbiamo:

- le metriche centrali, che mostrano un insieme di dati utili per farci comprendere la potenza dei profili attraverso i numeri. Le metriche includono le visualizzazioni nei media, argomenti trattati, segmenti di pubblico, visualizzazioni totali, interessi, commenti, numero di volte in cui il contenuto viene condiviso, partecipazione;

- video esempio, selezionati dalla piattaforma stessa. È possibile decidere se visualizzare quelli più recenti o meno, quelli più popolari o meno, quelli sponsorizzati o meno;

- dati demografici del pubblico, dove si potranno avere informazioni generali relativi agli utenti, i dispositivi usati dai followers o i followers più attivi o meno.

- Andamento delle prestazioni, dove si potranno avere informazioni relativi ai follower di quel determinato creator.

Ultimo aspetto da tenere in considerazione è che dovremmo conoscere le informazioni che la piattaforma di Tiktok vorrà avere per entrare a far parte dei suoi inserzionisti.

Ci verrà chiesto il settore al quale apparteniamo e un obiettivo da raggiungere per poter lavorare con gli influencers.

Gli obiettivi più importanti usati sono:

- avere maggiore visibilità del brand;

- aumentare il traffico sul sito web;

- avere maggiore esposizione o follower per l'account Tiktok;

- aumentare i download;

- aumentare le vendite dei prodotti;

- aumentare la creatività.

Ovviamente, prima di iniziare, ricordiamoci di consultare la sezione relativa al tasso di interazione, e quindi scegliere tra due alternative:

- negoziare;

- stabilire una tariffa iniziale

Se vogliamo ottenere il massimo, la strategia di influencer marketing dovrà essere globale.

Oggi le aziende, grazie a questo social, hanno la possibilità di avere a disposizione uno strumento efficace per piazzarsi sul mercato internazionale attraverso questo mondo di influencer facilmente raggiungibile.

Quindi basterà avere un prodotto, scegliere l'influencer in base al settore e alla sua audience, stabilire il budget, mandare la richiesta e creare una campagna di influencer marketing vincente e virale.

CAPITOLO 14

Tiktok ai tempi del COVID-19

Oggi la figura dell'influencer sui vari social network è diventata sempre più importante.

Durante questo periodo di quarantena le star del web hanno dovuto cambiare totalmente il proprio modo di comunicare, soprattutto per cercare di fornire un aiuto in tema di sensibilizzazione sul tema del coronavirus.

Infatti, su Tiktok, abbiamo iniziato ad assistere a video creativi e divertenti che hanno, in un certo senso, cercato di parlare in modo semplice e chiaro di questo tema per cercare di arrivare e colpire la generazione Z, ovvero il proprio target di riferimento.

In questi ultimi mesi Tiktok si è attivato con un'informazione responsabile ed iniziative positive attraverso gli hashtag di riferimento e le istituzioni ufficiali. Addirittura vi è una sezione della homepage dedicata interamente al covid.

Sull'applicazione e sul sito sono state create delle sezioni specifiche e notifiche che fanno accesso ad informazioni e fonti ufficiali.

La piattaforma ha anche cercato di coinvolgere diversi influencer per diffondere messaggi, e ha adottato un programma di live streaming quotidiano per offrire momenti di divertimento e svago in questo periodo particolare.

Ad esempio, è diventato virale il programma "A casa con Tiktok", che usa come protagonisti i tiktoker italiani più famosi e anche degli ospiti famosi come Ghali e Mahmood.

Un altro esempio di iniziativa importante è il contest #iononmiannoio, dedicato alle persone più giovani per diffondere i comportamenti degli stessi e le varie attività svolte in casa in questo periodo. L'obiettivo è proprio quello di incentivare i buoni comportamenti e il rispetto delle regole, quale appunto quella di rimanere a casa per ridurre i contagi. Sono premiati i video che riprendono le attività casalinghe e quelli che ricevono più like.

Gli influencer su Tiktok hanno anche partecipato all'iniziativa ufficiale del ministero per le politiche giovanili e lo sport, e quindi #distantimauniti. Un trend diventato in pochissimo tempo virale, simbolo di incoraggiamento e positività, e che ha raggiunto milioni di visualizzazioni.

E come questa campagna ce ne sono state tantissime altre, e tante altre ancora ogni giorno diventano famose, visti i periodi che stiamo vivendo.

Si può quasi dire che negli ultimi periodi Tiktok e la pandemia siano diventate due potenze mondiali a tutti gli effetti e validi alleati.

Infatti, oggi, nella pandemia globale, grandi e piccoli sono alla ricerca di un senso di appartenenza che proprio questo social è in grado di offrire. Questo è dato dal fatto che, rispetto ad altri social, su questo devi essere attivo ed interagire con utenti di tutto il mondo. Gli utenti sono davvero partecipi senza limiti e confini, dal poter appartenere ad una comunità virtuale.

Tiktok si trasforma anche in un'applicazione dallo scopo benefico. Infatti, ha donato cinque milioni di euro per supportare gli operatori sanitari e aiutare la protezione civile nell'acquisto dei dispositivi di sicurezza.

CAPITOLO 15

Tiktok creator fund

Per festeggiare il suo secondo compleanno di successi, Tiktok, ha lanciato il Tiktok creator fund: offrire la possibilità a giovani talenti di emergere e farsi notare per le proprie capacità. Grazie a questo nuovo strumento, crescerà ancora di più il talento creativo di ognuno di noi.

Non è nient'altro che un fondo europeo che comincia con una dote iniziale di 70 milioni di dollari per il primo anno e che aumenterà per gli anni a venire. Per fare richiesta al fondo verrà richiesto di soddisfare alcuni requisiti iniziali.

Ogni giorno tantissime persone in tutta Europa creano contenuti sull'applicazione usando la propria creatività, recitando e ballando sulle canzoni del momento, creando delle scene divertenti e simpatiche o affrontando temi importanti ed educativi sfruttando proprio questa piattaforma.

Per accedere al fondo, come abbiamo detto, bisogna avere alcuni requisiti:

- avere diciotto anni;

- aver avuto almeno 10000 visualizzazioni ai video negli ultimi trenta giorni;

- avere almeno 10000 followers;

- creare contenuti originali, creativi ed in linea con la community.

Per fare richiesta di accesso, si potrà farlo direttamente dall'applicazione di Tiktok accedendo al proprio profilo, compilando la richiesta, accettando le condizioni del contratto, inviando la richiesta. Qualora la richiesta verrà accettata, l'utente comincerà a guadagnare sulla base delle visualizzazioni dei propri video e controllare il guadagno direttamente dal pannello di controllo del fondo.

Il guadagno o meno dipende da diversi fattori: guadagniamo di meno se violiamo il regolamento in qualche modo e se il nostro engagement risulti basso; guadagniamo di più se il nostro engagement risulti alto e pochissime violazioni.

Con questa iniziativa, Tiktok si è rivelato ancora di più come un social che si basa principalmente sulla creatività dei propri utenti, ed in cambio offre loro tantissima visibilità.

Tiktok sarà sempre alla ricerca di tutti quelli che avranno idee creative, perché senza questa dote non si va avanti nella vita, ma non può crescere nemmeno la piattaforma.

EPILOGO

Tiktok si differenzia dalla altre piattaforme di social network perché cerca di offrire contenuti diversificati. Attraverso tale piattaforma, possiamo mostrare la nostra creatività mentre esprimiamo le nostre emozioni mediante i video che creiamo e pubblichiamo. Tiktok, poi, si rivolge ad un pubblico molto diverso da quello degli altri social. Come abbiamo potuto capire è una piattaforma di intrattenimento e non una piattaforma rivolta ad illustrare il nostro stile di vita.

Molto semplice da usare, permette a chiunque di avvicinarsi. Come per tutto il mondo del web, più useremo questa applicazione più impareremo ad usarla, e infatti, molto spesso, la teoria non serve a nulla se non ci si butta a capofitto nel cuore di quanto studiato.

È senza dubbio l'applicazione del momento, nata come piattaforma di video musicali amatoriali. Ha poi allargato la sua portata anche ad altro.

Tiktok sta avendo successo perché ci si può facilmente immedesimare nei panni del proprio cantante o attore preferito, e cantare o recitare facendo le stesse identiche mosse.

Ci si può improvvisare, quindi, come degli artisti che in realtà non siamo nella vita di tutti i giorni, e dare libero sfogo alla propria creatività e alla propria fantasia, divertendoci.

È un'applicazione che attira così tanto che è riuscita in poco tempo anche a creare un social marketing da non disdegnare affatto.

Il nostro consiglio è quello di registrarci e iniziare ad usare l'applicazione del momento, che sia a livello personale o che sia a livello professionale. In entrambi i casi saremo divertiti, ci sentiremo parte di una comunità e avremo successo.

Per mantenere la sua attuale popolarità, Tiktok dovrà continuare a trovare sempre nuovi metodi di coinvolgimento per allargare il proprio bacino di utenti e per cercare di renderla sempre più adatta a chi vuole usarla come strumento di marketing.

Ha un grande potenziale per diventare la prossima piattaforma di marketing e social networking.

Non ci resta che farci contagiare, non perdere l'occasione di usare questa piattaforma, e rimanere sempre connessi chiunque noi siamo e qualunque sia il nostro obiettivo.

Sfruttiamo il prima possibile questa applicazione, perché, in queste fasi ancora iniziali, offre opportunità più interessanti rispetto a piattaforme più vecchie come facebook ed Instagram, e questo sia per quanto riguarda i brand , per gli influencer che per i semplici utenti.

Testare nuovi strumenti è il primo passo per crescere personalmente e professionalmente.

www.ingramcontent.com/pod-product-compliance
Lightning Source LLC
Chambersburg PA
CBHW071247050326
40690CB00011B/2288